# 大国小窗：
北京服务品牌塑造理论、实践与标准

主　　编：北京服务研究课题组
执行主编：于干千
副 主 编：孙　健　桑　建

内 容 简 介

本书归集了近年来在京举办的大型活动接待服务和向京外举办大型活动进行服务输出的成功案例、经验总结、制度标准、理论体系、新闻报道等成果，通过对北辰集团、国家会议中心、首旅集团、全聚德集团、凯宾斯基饭店、北控置业、雁栖酒店、中国大饭店、国家体育场有限公司等20多家单位进行实地调研走访，总结其中的共性规律和个性特征，对北京服务品牌塑造从理论到实践，进行了全方位的探讨和研究。本书适用于大型活动接待服务管理部门、实施单位及相关院校。

图书在版编目(CIP)数据

大国小窗：北京服务品牌塑造理论、实践与标准 / 北京服务研究课题组主编. —北京：北京大学出版社，2019.1

ISBN 978-7-301-30224-8

Ⅰ.①大… Ⅱ.①北… Ⅲ.①活动—社会服务—组织—管理—研究—北京 Ⅳ.① C936

中国版本图书馆 CIP 数据核字（2019）第 001815 号

书　　　名	大国小窗：北京服务品牌塑造理论、实践与标准 DAGUO XIAOCHUANG：BEIJING FUWU PINPAI SUZAO LILUN、SHIJIAN YU BIAOZHUN
著作责任者	北京服务研究课题组　主编
策 划 编 辑	刘国明
责 任 编 辑	刘国明　李　虎
标 准 书 号	ISBN 978-7-301-30224-8
出 版 发 行	北京大学出版社
地　　　址	北京市海淀区成府路 205 号　100871
网　　　址	http://www.pup.cn　新浪微博：@北京大学出版社
电 子 信 箱	pup_6@163.com
电　　　话	邮购部 010-62752015　发行部 010-62750672　编辑部 010-62750667
印 刷 者	北京大学印刷厂
经 销 者	新华书店
	720 毫米 ×1020 毫米　16 开本　14 印张　259 千字 2019 年 1 月第 1 版　2019 年 1 月第 1 次印刷
定　　　价	69.00 元

未经许可，不得以任何方式复制或抄袭本书之部分或全部内容。

版权所有，侵权必究

举报电话：010-62752024　电子信箱：fd@pup.pku.edu.cn

图书如有印装质量问题，请与出版部联系，电话：010-62756370

序

　　做好国内外重大活动接待服务是北京履行"四个服务"的职责所在，是打造北京"四个中心"的重要手段，是北京实现城市转型的有力保障。近年来，从APEC会议到"一带一路"国际合作高峰论坛，从党的"十八大"到"十九大"，北京市旅游发展委员会组织并参与了60多项国内外重要会议和活动的服务保障工作，接待了来自50多个国家的政要和国际组织负责人，以及中央和各省市的领导，用周到细致、优质创新的服务为全国人大、全国政协、外交部、商务部、国家发改委、国家旅游局等中央单位在京举办大型活动提供了强有力的保障，得到了各国各界来宾的广泛好评，体现了"北京服务"品质，展示出国际一流和谐宜居之都的形象。

　　习近平总书记两次视察北京时曾明确北京全国政治中心、文化中心、国际交往中心、科技创新中心的战略地位，提出建设国际一流和谐宜居之都的战略目标。蔡奇书记在中国共产党北京市第十二次代表大会的报告当中也明确指出"我们要始终牢记肩负的重大政治责任，准确把握首都发展所处的历史地位，解放思想、矢志奋斗，努力把北京建设成为拥有优质服务保障能力和国际环境的大国首都"。他在怀柔区调研时也指出要"认真总结一带一路国际合作高峰论坛服务保障的实践经验，重新整理服务流程，形成一支具有国际一流水准的服务保障队伍"。

为了贯彻习总书记两次视察北京讲话的要求，依据《北京城市总体规划（2016年—2035年）》的要求，按照北京市委市政府领导的重要指示精神，受北京市旅游发展委员会委托，北京联合大学旅游学院"北京服务"研究课题组在总结北京市大型活动接待服务工作的基础上，联合北辰集团、北控集团、首旅集团等有丰富保障实践经验的大型企业和专业机构，开展"北京服务"课题研究和实践应用工作，通过经验总结和理论研究，将数年来形成的一套行之有效的接待服务联动机制进行完善和巩固，初步构建起"北京服务"常态化长效机制；通过梳理"北京服务"的内涵和精神实质，提出了"北京服务"品牌概念，营造"北京服务"良好舆论氛围；通过系统梳理重大活动接待服务保障工作流程，构建起较为完整的"北京服务"工作标准体系，力求为继续提高北京大型活动接待服务水平，不断打造"北京服务"卓越品牌，提供有力的支撑和指导。

本书归集了近年来在京举办的大型活动接待服务和向京外举办大型活动进行服务输出的成功案例、经验总结、制度标准、理论成果、新闻报道等初步成果，《让世界遇见北京服务》《打造"北京服务"品牌》《唱响"北京服务"品牌之歌，助力北京战略发展》等三篇理论前沿研究成果，分别发表在《新华每日电讯》《前线》及《中国旅游报》等中央和地方权威报刊，初步构建了"北京服务"理论研究框架。课题组在没有任何成熟的可参考性标准的条件下，大量查阅近10年来我国举办的国内外各类大型会议活动的实施方案、总结报告、评估意见等资料，通过对北辰集团、国家会议中心、首旅集团、全聚德集团、凯宾斯基饭店、北控置业、雁栖酒店、中国大饭店、国家体育场有限公司等20多家单位进行实地调研走访，总结其中的共性规律和个性特征，创新性地提出了《北京市大型活动接待服务规范–第1部分：通则》。该标准有机融入了"北京服务"的理念要求，提出的"组织、策划、运行、评价、改进"五大体系，涵盖了大型活动组织工作的关键环节，体现了标准的领先性和全面性。目前，以"北京服务"为统领的地方标准《北京市大型活动接待服务规范–第1部分：通则》经市质监局批准已正式列入《2018年北京市地方标准制修订项目计划》。

本书系北京服务课题组研究的前期成果，在调研编撰过程得到了北京市旅游发展委员会的全程指导，由于干千担任主编，孙健、桑建担任副主编，北京市旅游发展委员会居强、贾丽梅、石晓群、吴晖辉、郭继红、侯颖，北京联合大学旅游学院姜慧、田彤、郭晓庚、张丽娟、李姝妍参与了稿件的组织和编辑工作，北京联合大学王美萍教授、原北京市商务委员会胡平处长、扬州大学林刚副研究员对北京服务研究给予了悉心指导。在编撰过程中，还得到了北京市人民政府外事办公室、北京市商务委员会、北京市质量技术监督局等相关部门的悉心指导，案例收集和编辑工作得到了北辰集团、北控集团、首旅集团、北京饭店、北辰会展、国家会议中心、全聚德集团、贵宾楼、颐和安缦、凯宾斯基饭店、北京展览馆、中国大饭店、首汽集团、北汽集团、新月联合、颐和园、八达岭长城、天坛公园、中青博联等单位的鼎力支持，在此一并致以诚挚的感谢！

北京服务研究课题组

2018年11月

目 录

第一部分　理论研究

打造"北京服务"品牌　　于千千 …………………………………… 2

唱响"北京服务"品牌之歌，助力北京战略发展
　　北京服务研究课题组 …………………………………………… 8

让世界遇见"北京服务"
　　北京服务研究课题组 …………………………………………… 16

"一带一路"向世界展现"北京服务"
　　北京服务研究课题组 …………………………………………… 20

亮出高规格"北京服务"
　　——2018年中非合作论坛北京峰会接待服务 ………………… 29

第二部分　实践探索

扬理念，显文化，品牌建设添动力
　　——北京饭店大型活动接待服务侧记 ………………………… 40

建设一流国际会都，擦亮"北京服务"品牌
  ——北控APEC会议筹备工作侧记 ………………………… 50

步步精优，处处到位，服务国宾，为国争光
  ——北控"一带一路"保障工作侧记 ……………………… 64

二十八载锻造"北京服务"品牌彰显国内会展行业最强实力担当
  ——北辰会展助力北京国际交往中心建设 ………………… 75

G20峰会打响"北京服务"品牌
  ——北辰会展G20峰会接待服务侧记 …………………… 83

"北京速度"传递"北京服务"
  ——国家会议中心京交会服务接待侧记 …………………… 96

分毫不差，为"北京服务"锦上添花
  ——国家会议中心"一带一路"高峰论坛服务侧记………… 105

匠心琢精品，美食耀峰会
  ——全聚德集团"一带一路"工作午宴侧记……………… 118

追求品质，精雕细琢
  ——贵宾楼国庆观光团餐饮服务侧记……………………… 128

精心筹划，热情服务
  ——北京颐和安缦酒店APEC会议接待服务侧记 ………… 132

建首善，创一流，用心诠释"北京服务"
  ——北京展览馆大型活动服务保障侧记…………………… 136

服务彰品质，细节显真情
  ——北京中国大饭店"一带一路"接待服务侧记………… 145

文明服务礼相待，安全周到重承诺
  ——首汽集团"一带一路"交通服务侧记………………… 151

安全精准筑团魂，恪职尽责育服务
  ——北汽集团执行重大活动交通保障服务侧记…………… 156

"北京服务"提供优质保障

　　——北京新月公司"一带一路"论坛交通服务保障侧记…………… 164

创新展示历史名园，服务彰显北京标准

　　——颐和园 APEC 会议接待服务筹备侧记 ………………………… 171

精心组织，责任到人，统一指挥，确保安全

　　——八达岭长城大型服务活动侧记………………………………… 177

严谨细致，服务"一带一路"；好客友善，展示中国风采

　　——天坛公园"一带一路"接待服务侧记………………………… 184

默默践行"北京服务"，悄言坚守品牌精神

　　——中青博联承办国际盛会侧记…………………………………… 189

第三部分　　标准制定

大型活动接待服务规范　第 1 部分：通则………………………………… 198

附录 A　（资料性附录）大型活动接待服务评估、评价清单……………… 212

大国小窗

第一部分

理论研究

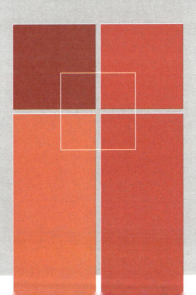

打造"北京服务"品牌[①]

于干千

中国特色社会主义进入新时代，是我国日益走进世界舞台中央、不断为人类做出更大贡献的时代。作为大国首都，北京地位特殊、责任重大，既是中央党政军首脑机关所在地，也是世界关注和聚焦的中心。"况京师为首善之地，四方之所观仰。"2008年北京奥运会、2014年亚太经合组织会议、2015年纪念中国人民抗日战争暨世界反法西斯战争胜利70周年、2017年"一带一路"国际合作高峰论坛等一系列重大国际活动相继在北京成功举办，"北京服务"彰显的敬业精神、专业素养和业务能力，成了北京最夺目、最耀眼、最有影响力的名片。当前，"北京服务"已经成为北京市加强国际交往能力建设的重要抓手，加强"北京服务"课题研究，有利于适应重大国事活动常态化，建立健全服务保障长效机制，是谋划国际交往中心建设的前瞻性命题。

牢固树立"北京服务"意识

牢固树立"北京服务"意识，是落实中央对北京市工作指示的政治要求。

[①] 于干千，北京市旅游发展委员会副主任（挂职），普洱学院副院长、教授、博士，发表于《前线》2018年第2期。

"北京服务"代表着北京城市的基本职能,并随着北京城市定位的变化而不断丰富发展。早在新中国成立之初,北京市委、市政府就把首都建设的总方针确定为"为生产服务,为中央服务,归根到底是为劳动人民服务"。20世纪80年代,中央书记处对北京市有过著名的"四项指示",提出"适合首都特点的经济建设"方针。20世纪90年代中期,党中央、国务院要求北京市无论经济工作、城市建设还是其他工作,都要按照首都的性质和特点来安排,充分发挥首都政治、文化中心的功能,确定了"四个服务"的重要定位。这是中央赋予北京市的政治使命和重要职责,也是北京做好一切工作的首要任务。

牢固树立"北京服务"意识,是新时代、新任务赋予首都工作崇高使命的现实要求。中华人民共和国成立60多年特别是改革开放40年的快速发展,北京这座千年古都已经成为现代化国际大都市。站在新的历史起点,北京的使命与党和国家的发展更加紧密地联系在一起。习近平总书记于2014年2月、2017年2月两次视察北京并发表重要讲话,明确了北京"全国政治中心、文化中心、国际交往中心、科技创新中心"的城市战略定位,提出了"建设国际一流和谐宜居之都"的战略目标,全面部署了京津冀协同发展战略,不仅为首都发展指明了前进方向,也赋予了"北京服务"新的历史使命。2017年9月《中共中央国务院关于对〈北京城市总体规划(2016年—2035年)〉的批复》中明确指出,北京城市的规划发展建设,要深刻把握好"都"与"城","舍"与"得","疏解"与"提升","一核"与"两翼"的关系,履行"四个服务"的基本职责。这是中央在新时代赋予北京的崇高使命和现实要求,是北京做好一切工作的出发点和落脚点。

牢固树立"北京服务"意识,是时代进步和国家发展的内在要求。党的"十八大"以来,我国的综合竞争力、国际影响力和国际地位大幅提升,大国首都影响力进一步增强。国际组织机构和跨国公司等高端国际资源不断聚集,境外跨国公司在京总部企业超过260个;国际往来人员不断增加,平均每年入境旅游人数超过450万人次;国际活动日益频繁,根据国际大会及会议协会（ICCA）统计，2016年北京举办国际会议113个，位居全世界各大城市第15位。"十三五"时期是北京服务国家战略、提升大国首都国际影响力的重要时期。党中央、国务院明确要求要"做到服务保障能力与城市战略定位相适应""建设伟大社会主义祖国的首都、迈向中华民族伟大复兴的大国首都、国际一流的和谐宜居之都"。

科学把握"北京服务"内涵

"北京服务"的理论研究和生动实践是深入学习贯彻党的"十九大"精神、助力国际一流和谐宜居之都建设的具体举措。促进服务业内部结构的优化，是新时代推动北京经济社会高质量发展的核心要义。当前，理解"北京服务"的内涵需要重点把握好以下三个方面。

一是展现大国风范。"北京服务"汲取中国传统文化的深厚底蕴，具有温厚淳朴的特性。中国人对"礼"的认识和表达薪火相传、由内而外，有传承也有创新。它既体现谦谦君子的雍容大度，又展示诚恳待人的君子风范。北京作为首都，在构建国际一流和谐宜居之都的伟大进程中，以弘扬中华文化为己任，展现"大乐与天地同和，大礼与天地同节"的民族情怀，以热情的态度、贴心的服务、周全的照顾，诠释中华文明礼仪，演绎当今中国"有朋自远方来不亦乐乎"的时代篇章，更好彰显"首都风范、古都风韵、时代风貌"的大国首都形象，让世界通过北京走近中国、读懂中国、点赞中国。

二是体现首善意识。做好"北京服务"，必须要提高政治站位、坚持精益求精，自觉服从服务于全党全国工作大局，使北京成为贯彻执行中央大政方针和决策部署的表率。北京要按照"建首善、创一流"的标准，努力把北京建设成为拥有优质政务保障能力和国际交往环境的大国首都，弘扬中华文明与引领时代潮流的文化名城，全球创新网络的中坚力量和推动世界创新的新引擎，人民幸福、社会和谐的首善之区，天蓝水清、森林环绕的生态城市，世界超大城市可持续发展的典范。

三是秉承笃信精勤。"笃信精勤"指对道德和事业抱有坚定无比的信心和专心勤勉的敬业精神。"北京服务"的走红来自令人惊叹的细节关注与令人敬佩的协调配合。这既是专业管理经验的集中凝聚，也是科学管理规范的充分体现。"北京服务"既体现中国元素，又展示人文关怀；既有精微深入的细节关注，也有宏观广阔的总体叙事。"北京服务"无小事，一举一动都在"聚光灯"和"放大镜"下开展，不能有一丝一毫闪失，这是首都职责使命之所在。做好"北京服务"必须面向世界，以海纳百川、兼收并蓄、包容开放的博大胸怀，虚心学习和借鉴国内外的先进服务经验，参与国际合作与竞争。

深入挖掘"北京服务"价值

"北京服务"应着眼于满足人民群众日益增长的美好生活需要。进入中国特色社会主义新时代，"北京服务"要以服务便利化、精细化、个性化引领全国服务业的质量不断提升，由提供服务到定义服务，再到推广服务，发挥"北京服务"在城市功能新定位中的基础作用。这就需要在以下三个方面精准发力：一是进一步焕发老字号活力，拓宽服务领域，填补服务空白，引导和促进服务消费升级换代；二是充分突出重点优势，强化已有特色优势，满足不同市场、不同层次、不同类型需求；三是立足于服务业全国标兵，实施"北京服务"国际化战略，敢于打造世界品牌，锤炼世界典范。

"北京服务"应着眼于新发展理念，坚持发展质量与效益并重。要将强化观念与行动落实结合起来，将传统服务业与现代服务业结合起来，将基本服务需求与高端服务需求结合起来，将丰富服务内容与提升服务质量结合起来，树立标杆旗帜，整合优势资源，推动服务业产业结构升级。围绕人民群众对生活性服务的普遍关注和迫切期待，着力解决供给、需求、质量等方面存在的突出矛盾和问题，推动生活性服务业便利化、精细化、品质化发展。以生产性服务业为重点，推进现代服务业集聚融合发展；以技术创新为手段，推进传统服务业的转型升级。

"北京服务"应着眼于展示富强国力，体现民主管理，彰显文明观念，突出和谐精神。以"北京服务"的生动实践来展示社会主义核心价值观的实质内涵。"北京服务"在发挥首善之区示范标杆作用的同时，早已走出北京，输出产品、服务与管理，闪耀杭州G20、金砖会晤等规格高、规模大、影响力广泛的大型国际活动。"北京服务"模式在全国落地开花。它像一个文明的使者，代表中国，向外界传递"和为贵"的人文理念，展现北京市民和谐幸福的日常生活，表达中国人民热爱和平的美好心愿。

不断优化"北京服务"模式

着力推进"北京服务"体系构建和理论研究。"北京服务"作为一个品牌，在标准化和产业化上仍存在不足之处，需要尽早在理论层面完成更深入的论证与更完备的建构。第一，进一步论证"北京服务"在"五位一体"总体布局和"四个全面"战略布局中的作用，全方位地总结"北京服务"的优势特色，确定"北京服务"未来发展方向和调整侧重。第二，进一步探讨"北京服务"的构成模式，用翔实的数据和完备的事例加深对"北京服务"的理解与认识。第三，进一步丰富"北京服务"的内涵，拓宽"北京服务"的外延，凝心聚力做强"北京服务"品牌。

不断完善"北京服务"服务标准和服务机制。坚持"以人为本"服务理念，立足国内国际两个市场、两种资源，围绕"礼"在北京、"和"在北京、"美"在北京、"安"在北京、"味"在北京等内容，从服务态度、服务流程、服务规范、服务品质、服务能力等方面着手，制定出台"北京服务"标准，建立与国际接轨的标准规范。认真总结近年来服务保障重大国际活动的经验做法，健全做好重大活动服务保障工作和常态化服务机制。进一步密切与中央相关部门的工作联系，整合全市相关资源，建立跨区域、跨部门的服务保障工作平台，推进政务服务保障的标准化、智能化、常态化建设。

不断加强"北京服务"品牌保护与品牌推广。要吸收借鉴其他地区服行业的发展特色,加强"北京服务"知识产权保护。以落实京津冀协同发展战略和《北京城市总体规划(2016年—2035年)》为契机,着力推进城市治理体系和治理能力现代化,不断增强软硬件设施支撑能力。围绕高标准高品质做好"北京服务",培育和引进一批擅长国际活动组织策划、熟悉国际规则、懂得服务管理运作的高端复合型、专业化人才。整合特色项目,通过"北京服务"典型代表品牌的综合输出,进一步将旅游、招商、文化展示活动等进行全方位推广,提升"北京服务"的知名度和影响力。围绕"北京服务"理念,以优质企业服务品牌做支撑,集中打造地域产业品牌,形成教育匹配、人才积淀、社会信赖、企业发展的良性运转体系。

"北京服务"是口号,更是行动;"北京服务"是历史沉淀,更是新时代的新要求。"北京服务"是道路自信的锤炼、理论自信的总结、制度自信的选择,更是文化自信的必然。

唱响"北京服务"品牌之歌，助力北京战略发展[①]

北京服务研究课题组

"北京服务"是伴随一系列国际重大活动应运而生的，能够代表北京形象的独特名片。本文从"北京服务"内涵出发，认为"北京服务"立足自身厚重传统，回应国家重大需求；强调了"北京服务"推广的重大意义，认为"北京服务"与北京发展同步共振，尤其是北京产业结构升级的可行之路；最后，从实际情况出发，为"北京服务"的创新发展提出了凝聚共识、保护产权、完善理论、输出品牌等四大建议。

"况京师为首善之地，四方之所观仰。"北京，不仅是全国的政治中心、文化中心，更应该以其环境优美、交通便利、社会和谐、文化昌明为全国人民所向往，也应该以其高水准的人口素养、高标准的服务精神，成为各行业的典范。北京奥运会、APEC峰会、"一带一路"国际合作高峰论坛等一次次重大会议的圆满举办，完成了国家赋予的重大历史使命，也不断扩大"北京服务"的应用范围。其中彰显的敬业精神、专业素养和业务能力，代表了北京的形象，也成为"北京服务"最夺目、最耀眼、最有影响力的名片。近年来，北京市旅游发展委员会不断总结举办重大会议的经验，以敬业的态度和

---

① 北京市旅游发展委员会、北京服务课题组，2018年3月1日发表于《中国旅游报》。

专业的精神总结优秀成果，突出"北京服务"的精品特色，打造"北京服务"的卓越品牌。

"北京服务"立足自身厚重传统，回应国家重大需求

"北京服务"依托北京悠久的文化底蕴，具有温厚淳朴的特性。"择之以才，待之以礼"，"北京服务"体现一种"以礼相待"的文明之风，是文明之展现。

"北京服务"是专业管理经验的集中凝聚，展示了科学的管理规范。专业的管理经验来自令人惊叹的细节关注与令人敬佩的协调配合。"北京服务"既体现中国元素，又展示人文关怀；既有精微深入的细节关注，也有宏观广阔的总体规划。它是21世纪以来北京服务管理水平的最高展示，其中蕴含着一线工作者工匠精神，匠心独具。北京市旅游发展委员会坚持在大型服务活动中锤炼自己、检验能力、培养作风，做到硬件建设与软件服务"两手抓"，实现政府公共服务水准和行业接待业务能力"双一流"。

"北京服务"是社会需求呼唤下的要求，具有普遍的应用领域。自2008年北京奥运会以来，北京多次承担大型国际会议与活动任务。重大活动的顺利举办，既是对北京的信任，同时也是一种检验。它代表中央的重托和人民的期盼。"北京服务"完美展示了"首都风范、古都风韵、时代风貌"的大国首都形象，顺利完成中央交给我们的光荣政治任务，接受全面检验，经历成功的实践，交上完美的答卷。期间在北京市委、市政府的领导下，能够切实履行首都职责，坚持首善标准，完满地抓好场馆设施建设改造，推进环境治理工作，营造了热情友好的社会氛围，整体保障北京承担重大外交外事活动，向世界展示我国改革开放和现代化建设成就。"北京服务"完满完成中央赋予北京的重要历史使命，向党中央和人民交出一份满意的答卷。

"北京服务"与北京发展同步共振，并作为标杆示范享誉全国

时代的需要呼唤"北京服务"，"北京服务"的模式探索又推动社会发展。进入中国特色社会主义新时代以后，新的历史发展定位要求我们在总结"北京服务"的模式基础上，不断打造"北京服务"的卓越品牌，认识到"北京服务"对北京经济、民生、形象的重要突出贡献，成为中国的重要形象与重要品牌。

"北京服务"是打造北京"四个中心"的重要手段，是实现城市转型的有力保障。实现城市战略转型，就要在硬件服务和软件观念上下足功夫，过去数年，北京市旅游发展委员会以各类大型活动为契机，真正明确服务型意识和观念，进而在餐饮服务、旅游服务等方面都有着长足的进展，提升了整个城市的服务水平和城市形象。

"北京服务"是凸显社会主义核心价值观的重要途径，展示城市千年优秀文化的得力手段。"富强、民主、文明、和谐、美丽"的社会主义核心价值观是北京文明素养和道德理念的综合体现。"北京服务"展示了富强的国力，体现了民主的管理，彰显了文明的观念，突出了和谐的精神。在构建和谐宜居之都的总体目标要求下，"北京服务"作为社会主义核心价值观的重要内容，要通过系统、标准、规范、科学的实质形式让五湖四海的来宾更加直接地感受到。"君子和而不同"，尊重不同民族的信仰、包容不同文化的差异、体谅彼此相互冲突的风格，都需要以"北京服务"的实践来展示社会主义核心价值观的实质内涵，从而认知社会主义核心价值观，传播社会主义核心价值观。"北京服务"理应代表北京，也代表中国，向外界传递"和为贵"的人文理念，表达北京市民和谐幸福的日常生活、中国人民热爱和平的美好心愿。

"北京服务"是增强北京经济活力的重要方式，深化打造城市特色品牌价值的强效抓手。围绕北京"四个中心"的战略定位，发挥北京服务业在

城市功能新定位中的重大作用。我们要认识大力推进旅游业发展的重要战略意义，切实将北京打造成国际一流旅游都市。实现这一目标的前提保障是服务跟上，"北京服务"在旅游服务便利化、旅游管理精细化、旅游接待人性化方面凸显了自己独有的实力和魅力，体现了自己的担当和智慧。"北京服务"为北京带来了优良的国际声誉，对提高全国的服务水平应具有突出的引领作用，也会吸引更多的国际会议在北京召开。由提供服务到定义服务，再到推广服务，整个"北京服务"促进了城市的经济发展，形成了一种良性循环。

"北京服务"是典型示范标杆的扩散效应，体现了首善的领头作用。承办大型活动的经验是宝贵的，总结提炼将其应用于其他社会管理工作，效果是突出的、明显的。发挥首善之区的示范标杆作用，凸显北京"待客之道"和服务特色，展示国际化服务水平，塑首都服务品牌，提升国际影响力。"北京服务"不应是昙花一现，也不应是转瞬即逝。在实践中不断摸索，在实践中不断改进，既圆满地完成了党中央与市委、市政府部署的各项任务要求，又收获了弥足珍贵的经验财富。近年来多次规格高、规模大、影响力广泛的国际会议顺利举行都离不开"北京服务"的身影，大型国企北辰会展就相继在2014年APEC领导人会议周、2015年中阿博览会、2016年G20杭州峰会和2017年厦门金砖国家领导人会议上完美绽放，凭借专业运营能力，精心的服务品质圆满完成了多项会议接待服务任务。"北京服务"已经迅速走遍全国，迅速洒满神州大地，它既实现了对上级领导的郑重承诺，同时打响了自身品牌，还带动了当地会展经济的发展。

"北京服务"是实现北京产业结构升级，优化产业结构、提升竞争力的重要途径。2017年1—3季度北京市第三产业实现增加值16053.3亿元，占地区生产总值的比重为82%。随着北京市服务业领域的稳步发展，服务业已成为北京第一大支柱产业，"北京服务"的提出预示着北京率先进入服务经济时代。同时，"北京服务"要明确服务业发展重点，扎实推进北京旅游服务业的转型升级。"北京服务"可以在以往的优势基础上，以生产性服务业为重点，推进现代服务业集聚化发展。能够为培育壮大金融业，完善现代物流产业，发展信息服务业做出更大贡献。"北京服务"以技术创新为手段，推进传统服务业的转型升级。一方面能够运用现代化的新技术、新业态和新服务方式改造交通运输、仓储和邮政业，批发零售业，住宿与餐饮业传统服务业，以创造需求，引导消费，向社会提供高附加值的服务产品，促进传统服务业经营效率的提高和高级化发展。另一方面是能够实现北京市支柱产业旅游业进行升级，结合北京的旅游资源特色和优势，构建若干集中度大、关联性强、集约化水平高的如乡村旅游、休闲度假旅游、生态运动旅游、观光旅游等旅游产业聚集区，把旅游观光与主题特色文化旅游、休闲度假、购物娱乐、商务活动结合起来，延伸旅游产业链。

提升"北京服务"的标准，是中国领先，国际一流的必然要求

"北京服务"，应该而且必须满足人民日益增长的美好生活需要对于服务质量和水平的期待；"北京服务"，应该而且必须满足北京作为政治中心、文化中心、国际交往中心对服务的全方位高质量的需求；"北京服务"，应是传统服务业的优化升级，现代服务业整合建立的良性互动的样板和标杆；"北京服务"，应该而且必须成为全国服务的"排头兵"。只有通过高标准的"北京服务"，才能更好地凸显北京人的精神风貌和北京作为首善之区的良好形象，也才能为两个文明建设和社会的和谐进步做出自己的贡献。"立足北京，创新发展北京服务"，"北京服务"在不断的发展，不断创新，在时代的呼唤下追求卓越，改善自我，永无止境。

整体来看，服务作为一个产业在中国发展时间较短，影响力有待提高。"北京服务"在标准化和产业化上仍然有不少距离。因此，借鉴国际水平来深化对现代服务品质的认知，建立、补充和完善服务流程，推动"北京服务"

的纵深发展，推广"北京服务"品牌的深入人心，仍然有很长的路要走。

"北京服务"要在过往的经验基础上，接受更多的考验，承担更多的洗礼，将强化观念与行动落实结合起来，将传统的服务业与现代的服务业结合起来，将基本服务需求与高端服务需求结合起来，将丰富服务内容与提升服务质量结合起来，树立标杆旗帜，整合优势资源，为提升北京的国际影响力，将服务体系与国际接轨做出更大贡献。打造北京的服务品牌，应在发展速度上快于全国，在发展质量上优于全国，在发展项目上全于全国，在发展理念上先于全国。

"北京服务"要在已有服务基础上，创新老字号，拓宽服务领域，填补服务空白，引导和促进服务消费升级换代；要充分突出重点优势，强化已有特色优势，满足不同市场、不同层次、不同类型需求；要充分发挥北京科技与知识潜力，拓宽市场，扩大全球影响力，实施"北京服务"国际化战略；要立足于全国标兵的基础上，敢于打造世界品牌，锤炼世界典范。

从"北京服务"出发，凝聚共识，构建理论，走向世界

树立"北京服务"的卓越品牌，仍然任重而道远。有以下几方面需要强调注意。

第一，要形成共识，统一思想

从党政机关到各个基层，都应该对"北京服务"有共同的认识，统一的观念。明确"北京服务"在北京政治、经济、文化发展中的重大作用，了解"北京服务"对北京市发展的重大战略意义，在思想上与行动上保持统一，进一步加强"北京服务"的紧迫感和信心决心，营建全市上下同发展"北京服务"的良好氛围，全力打好宣传推广"北京服务"主动仗，进一步丰富"北京服务"的内涵，拓宽"北京服务"的外延，凝心聚力将"北京服务"品牌做强做大。

第二，要抢先注册，品牌保护

"北京服务"凝聚着近十年来诸多一线工作者辛勤劳动，包含了多个领域丰富的实践经验，是极其重要的无形资产，具有独特个性的魅力风采。我们一定要加强"北京服务"知识产权保护，了解"北京服务"品牌的创业艰难与来之不易。要抢先注册商标，防止抄袭剽窃，同时吸收借鉴其他地区服务行业的发展特色，加强"北京服务"的维护与提升作用，进而形成规模效应，完成积累与扩散，进而在竞争激烈的市场上占据一席之地。

第三，要完善体系，强化理论

理论是对第一线实践的全面总结，更会进一步指导实践工作的深化开展。"北京服务"涉及范围广泛，牵连多个学科内容，包含商务、医疗、教育、文化等多个领域。未来研究必须在理论层面完成更深度地论证与更完备的建构。要进一步深入探讨"北京服务"在各行各业的标杆作用，用翔实的数据和完备的事例加深对"北京服务"的理解与认识，进一步论证"北京服务"对北京市经济文化生活的重大作用，更全方位地总结"北京服务"的优势特色，确定"北京服务"未来发展方向。

第四，要输出推广，唱响品牌

"北京服务"不仅是挺立于北京，更要傲然于世界。"北京服务"要借风助力，扬帆出海。整合特色项目，通过典型代表品牌的综合输出，联动系列产品的推广，进一步将旅游、招商、文化展示活动等进行全方位推广。通过品牌效应，提升"北京服务"的知名度和影响力。在一线基层普遍推广"北京服务"，在媒体尤其是新媒体上宣传"北京服务"，加强旅游部门与其他部门的跨行业融合，形成合力，形成部门联合，以"北京服务"为荣，以"北京服务"为耀，巩固"北京服务"现有市场，拓宽"北京服务"新兴市场。

"故教化之行也，建首善自京师始"，"北京服务"应该是可以树立的典范效应，是可以传承的文化火炬，是可以移植的组织形式。围绕"北京服务"的概念，应该有一批响亮的产业品牌，形成教育匹配、人才积淀、社会信赖、企业发展的良性运转体系。不仅在北京"坐下来",更向全国、世界各地"走出去"。这是我们刻不容缓的时代责任,更是我们满怀荣耀的使命担当。

让世界遇见"北京服务"①
北京服务研究课题组

2017年9月,备受瞩目的金砖国家领导人厦门会晤圆满落下帷幕,继北京奥运会、APEC峰会、G20峰会以及"一带一路"国际合作高峰论坛之后,中国又一次向世界诠释了她的智慧、胸怀和气度。鲜为人知的是,不论是在北京、上海、杭州还是厦门,在掌声背后都有一支来自北京的服务团队在夜以继日地默默付出,传递弘扬着"北京服务"的服务理念,不断丰满着"北京服务"的规范标准,逐渐凸显出"北京服务"的文化特色,进一步擦亮了"北京服务"这块金字招牌。

改革开放以来,"北京服务"通过长时间的实践积累,不断总结具有北京特色的服务模式,围绕"四个中心"的战略定位,结合国内外发展的新形势、新环境、新要求,以实际行动践行社会主义核心价值观。可以说"北京服务"的形成是偶然也是必然,是厚积薄发、应运而生。

从广义上讲,"北京服务"是以人为本、服务民生的大产业、大模式、大概念,"北京服务"是扎根在人民群众生活各个方面的服务理念和服务模式,是北京市产业升级的体现。

从狭义上讲,"北京服务"是针对某一特定环境或事件开展的综合服务

---

① 北京市旅游发展委员会、北京服务课题组,2017年10月23日发表于《新华每日电讯》。

体系。例如，在"一带一路"国际合作高峰论坛期间，"北京服务"就为来自130多个国家和地区以及70多个国际组织的嘉宾提供会议、餐饮、住宿、交通等综合服务。在金砖会议期间，为保障活动质量，"北京服务"团队在嘉宾接待、抵离迎送、宴会服务、场馆扩建、环境布置等多个领域提供了系统全面的服务，这期间针对服务技能的培训有42项360个点、国宴上菜演练千余次……甚至连叠毛巾都分成6个步骤，从菜品出餐到宴会厅时间以秒计算，不会超过300秒。这些都是将"北京服务"的理念、文化、标准、规范应用到具体服务项目当中。"北京服务"在体现国家高度的同时，也要彰显北京特色，而这特色来自北京文化，来自北京味道，来自体现北京特色的方方面面。

"北京服务"是"文明"，是"有朋自远方来，不亦乐乎"的千年传承

北京作为中国的首都，要更好地彰显"首都风范、古都风韵、时代风貌"的大国首都形象，集中华文化之大成，将中华之"礼"放大，以弘扬中华文明为己任，展现"大乐与天地同和，大礼与天地同节"的民族情怀和人文精神。2008年北京奥运会开幕式上声势浩大的"击缶而歌"至今仍在耳边环绕，"一带一路"国际合作高峰论坛期间"千年之约"中飞天仙女的表演仍让人为之惊叹，而这些璀璨的中华文明都将在"北京服务"中充分体现。

"北京服务"是"和谐"，是"社会主义核心价值观"的时代华章

和谐畅想，古已有之，《左传》曰："如乐之和，无所不谐"。《礼记》载"讲信修睦""天下为公"……这些都是先人心中美好的理想。如今，中国描绘了构建和谐社会的宏伟蓝图，"和谐社会""中国梦"成了全国乃至全世界

的高频词汇，构建和谐社会、实现中华民族伟大复兴的"中国梦"正成为亿万人民的自觉行动。北京作为中国的首都，在构建国际一流的和谐宜居之都的伟大进程中，"北京服务"充分展示着新时代北京人的"精、气、神"，一张张北京人的笑脸、一声声"北京欢迎你"的问候，无不体现出今日中国、今日北京的热情好客，拉近了与世界的距离，可以说和谐之美让"北京服务"更加具备了"人情味"，同时也让人领略到"美丽中国"生态文明的自然之美，科学发展的和谐之美，温暖感人的人文之美，诠释着"北京服务"的独特魅力。

"北京服务"是"安全"，
是没有危险、不受威胁、不出事故的郑重承诺

政治安全、经济安全、文化安全、社会安全、科技安全、信息安全、生态安全、资源安全、食品安全……"北京服务"以安全为先，以服务为念，总体指挥、全面服务每一位北京客人。近年来，在若干重大活动中，"安全"无疑是保障活动顺利举行的核心，面对涵盖领域十分广泛的"安全"问题，"北京服务"要加大对安全所需的物质、技术、装备、人才、法律、机制等保障方面的能力建设，应对各种风险考验和重大挑战，更好适应安全工作需要。

"北京服务"是"创新"，
是北京产业创新升级的召唤

"北京服务"的"创新"是多平台、多元化、多主体的，要在服务理念创新、服务模式创新、服务结构创新、服务技术创新等多个方面深耕细作，最终将"北京服务"打造成为北京市率先进入服务经济时代的里程碑。2015年5月，国家批准在北京市开展服务业扩大开放综合试点，北京成为全国服务业扩大开

放综合试点城市。两年多来,已完成127项任务,形成了一批有代表性的开放创新举措,有力推动了服务业开放发展。例如,在外资企业商务备案和工商登记一体化的基础上,2017年年底对外贸有关事项进一步整合,要做到"十五证合一",这种优化服务,实际上就是"北京服务"的一种体现。

正如前面所说,"北京服务"是以人为本、服务民生的大产业、大模式、大概念。在这个大发展的时代,"北京服务"承担着重要的历史使命,在进一步明确定位,丰富内容,加强标准规范系统梳理的同时,以更加开放热情的姿态为北京服务、为中国服务、为世界服务!

"一带一路"向世界展现"北京服务"[①]

北京服务研究课题组

从人民大会堂欢迎宴会到雁栖湖工作午餐，各种餐饮尽显"一带一路"特色；从贵宾接待到驻地、交通、医疗等服务，各种高品质服务向国际友人展示了"北京服务"品质……2017年5月15日，"一带一路"国际合作高峰论坛（以下简称论坛）圆满结束，但论坛期间的高品质服务却深深印在每个与会嘉宾的心里。这一切都离不开负责此次论坛接待服务工作的北京市服务保障工作领导小组接待组22个成员单位的共同努力，历经7个多月的精心准备，以北京市旅游委为牵头单位的接待组圆满完成了人民大会堂欢迎宴会、圆桌峰会雁栖湖工作午餐餐饮和接待服务、高级别会议国家会议中心餐饮服务、国家大剧院鸡尾酒会及贵宾服务、驻地服务、交通服务、机场抵离迎送、食品原材料供应、食品药品安全监管、医疗卫生服务、民族宗教服务、会外活动等十二大项工作任务，得到了参会贵宾及各界的广泛好评，北京再一次向世界展示出国际一流的和谐宜居之都形象。

上下齐心展现北京服务品质

2016年10月19日，接待组召开第一次全体会议，对论坛的服务保障

[①] 2017年6月7日发表于《北京日报》。

工作人员紧张制作欢迎宴会桌面主题物　　国家会议中心高级别会议餐饮服务

工作做出部署和要求。筹备期间，市领导多次指导筹备进展，对接待服务各类工作方案进行审定，多次召开专题会、现场调度会，并赴演练现场检查工作，提出工作要求。各成员单位均指定参与过多次大型国际活动服务保障工作的局级领导负责此次协调人会议相关筹备工作。市旅游委作为小组牵头单位多次主持召开专题会，逐项落实接待组的部署和要求，梳理重点环节，多次赴现场检查，协调、解决工作中存在问题，并于会议当天现场坐镇，高效指挥。

人民大会堂欢迎宴会

接待服务工作涵盖范围广、工作任务重、参与部门多、环节交叉多。接待组积极组建组织机构，下设综合协调、宴会服务、驻地服务、交通服务、抵离迎送、会外活动六个工作部。各成员单位步调一致，密切合作，相互补位,勇于担当,不断提升服务品质,并积极与中筹委相关业务部门对接和沟通,明确了具体标准和要求,同心协力为会议圆满顺利召开保驾护航。

本次高峰论坛有29名国家元首、3个国际组织负责人和众多高规格的国外来宾参会,涉及的国家多、民族多。各成员单位深挖潜能,精打细算,在宗教、生活、饮食上尊重参会代表的习惯,为各代表团建立了食宿、交通等个性化服务档案。根据各参会领导人的饮食、鲜花禁忌,制定了18种个性化菜单,各接待饭店也制定个性化接待方案,以高标准、高水平开展本次高峰论坛的接待工作,展示出了首都的服务水平、服务能力、服务风貌和服务质量。

国家大剧院鸡尾酒会筹备

市食药部门检查驻地饭店后厨

十二项工作任务件件落实到位

人民大会堂欢迎宴会共接待29国领导人及其配偶、3个国际组织领导人及其配偶,外方代表团团长及嘉宾近700人。

市旅游委会同人民大会堂管理局、设计制作单位从环境、主题、中国特色及中国故事等角度,多次修改完善宴会餐具、礼宾物品、桌面主题物等方案。设计制作单位负责人表示:"由于'一带一路'峰会为首次召开,接到任务时我们没有任何资料查阅,因此我们在设计时完全突破以往惯例。首先,经过多次沟通、反复修改,最终确定以'丝路辉煌'为主题,采用食品雕刻、糖艺、面塑等多种传统手工艺结合的方式，设计布置现实场景。其次，依据'一带一路'会议主题，以中国古代丝绸之路的四个故事'张骞出使西域''唐玄奘取经''郑和下西洋''敦煌飞天神女'为创意理念，专门为此次活动精心设计制作了'共创繁荣'系列陶瓷餐具及宝船造型座位卡等礼宾物品。"为了实现节俭办会，本次宴会的主桌扶手椅、嘉宾桌借用2014年APEC水立方欢迎晚宴家具，经多次细致检修和清洁后，达到了国宴标准。另外，在宴会伴宴中，中国国家交响乐团在著名指挥家谭利华的指挥下为与会嘉宾献上了一场包括《绽放》《丝路彩虹》等31首中外经典交响音乐。

雁栖湖圆桌峰会

圆桌峰会是此次高峰论坛的高潮，与会国家元首、政府首脑和国际组织负责人共同规划"一带一路"建设合作大计。北京市旅游委与北控集团、首旅集团、凯宾斯基酒店、市食药局、市卫计委、市宗教局等单位密切配合，为与会领导人、高官、近随、媒体及工作人员提供了优异的接待服务。一是出色完成工作午餐服务保障。据首旅集团全聚德集团相关负责人介绍"我们在菜品的设计制作上，古今结合、中西合璧，并且融入'一带一路'主题，设计个性化菜单18种，共计菜品23道，分别对菜品进行编号，实现一对一个性化服务；为做到符合伊斯兰饮食禁忌规定，先后对厨房、厨具进行了更新改造；对食品原材料严控供货渠道，对食品操作间严格管理，小到一把菜刀都有严格的使用流程；协助钓鱼台国宾馆承接工作午餐服务任务，做到后台操作和前台服务的无缝连接。"其次为了全面满足各类人员的餐饮服务需求。在多个用餐区域制定了不同标准、不同菜单内容的餐饮服务保障方案。三是精心调配组织服务团队。从全聚德集团、国际饭店、和平宾馆共抽调58名人员组成工作午餐的制作团队，从北京饭店、全聚德集团抽调12名服务保障人员，大部分人员均参与过2014年APEC会议服务工作，为高峰论坛圆桌峰会和工作午餐提供服务。

高级别会议餐饮服务

国家会议中心高级别会议人数多、规模大，为给参会代表、媒体提供周到的就餐服务，接待组建立了早餐茶点、会间茶歇、自助餐、简餐包等四位一体的餐饮服务体系。在餐食制作上，由中外名厨带队，按照"融五洲风味、展中国特色、秀北京文化"三大宗旨，精心研究确定菜单。在就餐环境上，根据会议主题，设计布菲台桌面摆设，增加了沙漠、海洋、骆驼、商船、和谐号、中国制作的概念。在就餐组织上，组织工作人员设计了分流区、分散区和分时就餐区，增加了10条布菲区环线的设计，将热菜、冷菜、主食、饮料台分设，实现了高峰时不排队、不等候、有座位、善待媒体、满足个性化需求的目标和要求。

国家大剧院鸡尾酒会及贵宾服务工作

鸡尾酒会及贵宾服务是一项新增工作任务，时间紧、标准高。接待组接到工作任务后，立即多方协调部署，确定了由首旅集团北京饭店负责外方领导人酒会服务。酒会现场茶点酒水品种丰富，既有精美的西式甜品，又有精致的北京特色小吃，细节中无不体现着中西文化的交融。吧台上专门设计了"一带一路"主题装饰物，金色的小米铺成美丽的丝路沙漠，芋头雕刻的骆驼惟妙惟肖，海盐制作成蓝色的海洋，还有各种蔬果雕刻的动物。同时，选派友谊宾馆18名定点服务人员和北京饭店4名休息区服务人员承担贵宾服务，从早上七点到岗直至晚上十点最后一名嘉宾离场，一直坚守岗位。

驻地服务

论坛期间，共有36家饭店的近万名服务人员承担了来自130多个国家和地区以及70多个国际组织领导人、高官等正式代表及媒体记者的接待服务工作。接待组多次实地踏勘，向中筹委推荐了39家接待饭店；每家饭店均选派市旅游委、市卫计委、市食药局干部驻点服务，建立保障组会商机制，优化保障力量点位设置，建立服务信息公示制度，提供两种医疗服务模式；接待组通过为14个外省参加会议代表送市委、市政府的欢迎信，为参会就医代表送去了早日康复的慰问果盘等工作，细致体现"北京服务"；协同配合保证环境，完成了三级标识摆放、宣传品发放等工作，利用有限的资源营造浓厚的会议氛围。

交通服务

本次论坛市交通委提供了专车、工作用车、机场抵离、高级别会议交通、晚宴交通、晚会交通、圆桌峰会交通以及领导人配偶活动交通保障。经统计，共累计发车1850车次，运送人员39225人次，运送行李1377件，安全行驶里程累计36865公里。此外，政要代表团车队累计出动6.13万车次，运送人员3.45万人次，安全行驶46.2万公里。本次高峰论坛交通服务完善组织机构，摸清底数需求，关注各项细节，积极主动宣传，为国内外参会代表、嘉宾提供了安全、快速、准时的交通接送和转场服务，充分体现了"北京优势""北京速度"。

抵离迎送服务

自2017年5月10日正式启动至论坛结束，市政府口岸办牵头机场抵离迎送部共迎接外国国家领导人抵京专机19批次，离京专机21批次。据北京海关隶属首都机场海关相关负责人介绍，"为了全力确保论坛期间各国外宾的通关顺畅，首都机场海关特意开辟了'一带一路'专用通道和窗口，同时北京海关抽调了部分具有丰富通关服务经验、兼具英语、法语、俄语、日语等外语特长的业务骨干支援现场，保证现场沟通'零障碍'。除此以外，还针对来华采访的记者设立了专用通关服务台。"经过各部门的通力合作，圆满完成了"把热情服务贯彻抵离迎送始终，让来得高兴、走得也高兴"的工作要求。

食品原材料供应工作

在食品材料供应方面，由市旅游委、市商务委、市食药局、市公安局（安保组）共同研究制定了高峰论坛餐饮服务所需食品原材料供应工作方案。先后召开3次动员大会，做到"生产地有人管、运送过程有人押、饭店保存有人看、食品生产有人监"的安全目标。论坛期间，积极督促指导19家供应企业做好各项筹备工作，对货源组织、生产加工、食品检测、安全防范等各环节做出周密安排。

食品安全监管工作

设立食品安全服务保障运行调度指挥中心，选调专门人员实行集中办公，每日汇集各区县有关信息，定时召开视频会议，研究解决当日问题。对定点供应单位、驻地饭店及周边等单位驻点监管，组成全市228人的食品安全保障团队，完成食品的快速检测8126件次，抽检1838件次，餐饮留样11437个，分别报送市食药局、警卫局，全面保障了食品安全。

医疗卫生服务

会议期间，市卫计委在人民大会堂、国家大剧院、故宫、雁栖湖会场及25家接待饭店设置了近30个医疗服务点，共派出医务人员202人，救护车46辆，市疾控及卫生监督30余人，为198人次提供医疗卫生服务。

民族宗教服务

市宗教局指导完成礼拜室 4 间选址、设置工作，共有沙特、苏丹、巴基斯坦等共计 10 国外宾 28 人次礼拜，并获得了贵宾的称赞和感谢。就规范礼拜室中文标识、提供清真食品等问题提出意见建议，得到中筹委的重视与采纳。

与会代表会外活动

选取具有北京历史文化特色、又能体现北京现代文化艺术和社会经济发展成就的场所，精心设计了 3 条"一日游"和 3 条"半日游"线路。论坛期间，共有 7 个代表团代表参与了会外活动，共计发放宣传品一万余册，积极宣传推介了北京旅游。

提高服务保障　打造"北京服务"品牌

服务中央外交大局是首都北京的重要职责和光荣使命。通过筹办此次"一带一路"国际合作高峰论坛，北京市进一步整合了接待服务方面的各类专业人才，又一次锻炼了队伍，为今后举办或承办大型活动提供了宝贵的借鉴和参考，进一步提高了北京市接待服务保障的能力。

"一带一路"国际合作高峰论坛是第一次由中国政府提出并主办召开的国际大型会议。北京作为首都，落实全国政治中心、文化中心、国际交往中心、科技创新中心的城市功能定位，服务保障好这次重要的国际会议，是北京市的应尽之责，也是难得的机遇。外方代表对此次接待服务工作好评如潮，赞赏有加。这一方面体现了首都作为国际交往中心的重要职能；另一方面，也向与会各国代表展示了北京这一国际化大都市的工作水平，进一步打造了"北京服务"的品牌，展示出了大国外交、大国礼仪、大国形象。

> **数说"一带一路"接待服务**
>
> ▶ **3万余人次餐饮服务**
> 论坛期间,为29国领导人、3个国际组织领导人提供了欢迎宴会及工作午餐相关服务,为与会代表们提供了不同标准的餐饮服务,共计3万余人次。
>
> ▶ **5616间客房服务**
> 36家接待饭店为7454名与会人员提供了5616间客房服务,为贵宾提供了"管家式"服务。
>
> ▶ **36865公里交通服务**
> 共累计发车1850车次,运送人员39225人次,运送行李1377件,安全行驶里程累计36865公里。
>
> ▶ **185个国家、地区和国际组织抵京迎接服务**
> 共接待VIP贵宾及正常通道抵京代表392批次858人,共涉及185个国家、地区和国际组织。共接待VIP贵宾及正常通道离京代表249批次606人,共涉及116个国家、地区和国际组织。
>
> ▶ **485.15吨食品供应**
> 食品供应提供原材料品种1034个,供货总量485.15吨,安全配送855车次,时刻驻地进行食品检测,快速检测8126件次,抽检1838件次,餐饮留样11437个,确保食品安全。
>
> ▶ **198人接受医疗卫生服务**
> 共派出服务人员202人,救护车46辆,市疾控及卫生监督30余人,为198人次提供医疗卫生服务。

中国将于 2019 年举办第二届"一带一路"国际合作高峰论坛。2017 年的高峰论坛的成功举办,拉开了"一带一路"国际合作高峰论坛这一重要国际性会议的帷幕。接待组将进一步总结餐饮、交通、住宿、抵离迎送、会外活动等各方面的接待工作经验,为接下来论坛办会人员提供有益的借鉴和参考。

亮出高规格"北京服务"[①]
——2018年中非合作论坛北京峰会接待服务

金秋九月,中非合作论坛北京峰会举行,这是中非合作论坛继2006年北京峰会和2015年约翰内斯堡峰会之后,中非友好大家族的又一次相聚,也是我国今年举办的规模最大、外国领导人出席最多的主场外交活动。

服务保障好峰会,是中央交给北京的重大政治任务,也是落实首都城市战略定位、加强"四个中心"功能建设的必然要求。按照中筹委及市服务保障工作领导小组的总体部署,北京市旅游发展委员会会同20家成员单位认真组织落实各项接待服务工作。

召开全体会议4次,编制完成专项方案7项,完成246批次423人机场迎送服务,提供43874人次交通服务,为83名政要及配偶、2490名参会代表及相关工作人员提供住宿、餐饮接待服务……接待组站在展示中国形象、展示北京风采的高度,全力为与会代表提供最佳、最优、最高标准的接待服务工作,让与会代表感受贴心、热心、暖心的服务保障,全方位、多角度诠释"北京服务"的靓丽风采,赢得了贵宾及参会代表的广泛好评。

---

① 2018年9月29日发表于《北京日报》,文/王进雨。

贴心周到　迎宾"第一岗"获点赞

本次大会最突出的特点是层次高、规模大。非方成员全部出席北京峰会，其中有40位国家元首，10位政府首脑，1位副国家元首，以及非盟委员会主席。联合国秘书长古特雷斯作为嘉宾出席会议，27个国际和非洲地区组织的代表也出席了会议。中外参会人员总共超过3200人。

根据市服务保障工作领导小组职责分工，接待组负责工作午宴礼宾用品设计制作、餐饮服务、住地服务、交通服务、抵离迎送、食品供应及安全、医疗卫生、宗教服务、会外活动等工作。其中机场抵离迎送工作自8月29日正式启动，共接待抵京国家领导人39批次62人，国际组织领导人2批次2人；离京国家领导人和国际组织领导人15批次25人。接待VIP流程及正常流程抵京代表179批次288人；VIP流程离京代表11批次46人。

从8月29日开始，每天都有一辆大巴车早上5点发车，途径中国农业大学、中国地质大学，接上50位志愿者赶往首都国际机场。这些志愿者是负责本次峰会机场迎送的同学。为了以更好的服务迎接来访的宾客，来自北京6所高校的337名志愿者参与了峰会接待工作。

"Hello, Welcome to China！"志愿者们亲切的欢迎语重复了一遍又一遍，但每一次开口，微笑与热情都一如既往。从机场到酒店，迎送组的志愿服务贯穿始终，将外宾从机场口岸接待处引导至停车场，再由机场抵离志愿者陪同前往酒店。

外宾对接待服务工作人员认真负责、真诚友好的服务充满赞赏和感激。8月30日下午，吉布提政府高级顾问抵京后，无法与使馆及联络员取得联系。在欢迎台值守的市外办国交中心工作人员和抵离迎送志愿者得知情况后，立即通过各种渠道协助查找，经多方沟通，最终帮助外宾与联络员取得联系。8月31日下午，刚果布与会代表抵京后不慎丢失两幅总统像。机场贵宾公司对此高度重视，迅速协同边检总站、机场股份公司等相关单位，最终在边检现场找回丢失物品，刚果布与会贵宾表示感谢之余主动与工作人员合影留念。9月1日凌晨，刚刚完成迎送工作回到T2航站楼欢迎台的抵离迎送部国交中心带班人员吴雪莲和志愿者，迎来了一位喀麦隆外宾，外宾无法提供入住酒店的具体信息。工作人员立即逐个打电话查询确认，并协助他打车前往。他们用周到的服务迎接非洲友人，用青春的笑脸递出北京名片。

热情款待　酒店收到总统亲笔感谢信

针对住地服务，市旅游委、市卫生计生委、市食品药品监管局选派400余名骨干力量组建住地工作组，于8月31日至9月5日住会。从8月27日第一批参会代表入住，到9月7日最后一批离店，41家饭店共接待了83名政府首脑及夫人、2490名参会代表、454名媒体记者及相关工作人员，提供就餐服务34532人次。

索马里总统写给北京长城饭店的感谢信

徐锦祉是北京励骏酒店的总经理。作为政府推荐的中非合作论坛北京峰会贵宾住地酒店之一，北京励骏酒店承接吉布提总统和塞舌尔总统两个贵宾代表团的接待服务。两位元首的每次活动总经理都亲自迎送，专用电梯提前到位，从未让贵宾多等一秒钟。最高礼遇，贴心服务，专业高效……徐锦祉亲自牵头并担任总负责人的接待服务获得两位总统称赞。

为了提供全天候的周到服务，酒店安排两位外籍员工作为吉布提总统和塞舌尔总统的贴身管家，指定由餐饮部和客房部专业员工组成贴身管家团队。徐锦祉对两名贴身管家给予最高授权，使他们能够第一时间将元首在店内的需求传达给整个团队，相应人员随即提供服务，做到指令传达短平快。此外，酒店工程部配合餐饮部在总统套房楼层的服务梯间增加了保温车、温箱、咖啡机等餐饮设备，极大地提高了为元首送餐的服务效率。

饮食起居细致周到，让代表团体会到家一般的温暖。工作高效事无巨细，展示出酒店服务的专业水平。9月3日下午和4日下午，吉布提总统在酒店安排了多场与不同方面的会见，不过代表团对于场地的预定和要求提前一二小时才明确通知酒店。在非常紧迫的准备时间内，酒店不仅安排了最适当的会见场地，会场布置也是精益求精：话筒高度、翻译员椅子与领导人沙发的距离、会见双方旗帜的悬挂等各项细节做出恰当的安排，饮品、杯具根据元首的习惯做好全面的准备。会见场地的一切安排，徐锦祉都会亲自查看，并带领员工调整主位椅与客人椅的位置、角度、距离，茶几的位置等细节。

"感谢励骏酒店的员工和管理层，无与伦比的服务。"几日停留，宾至如归，吉布提总统临别亲笔写下感谢留言。"此次入住北京励骏酒店给我留下了难忘的记忆，从管理层到每一位员工都为我提供了周到贴心的服务，这个酒店非常值得推荐，我也很感谢他们为我提供的服务，让我有一个愉快的入住体验。"塞舌尔总统留言感谢之余，还专门抽出时间与酒店管理层和员工代表合影。

峰会期间，"北京服务"的魅力让非洲宾客们频频点赞。北京长富宫饭店迎接中非共和国总统及夫人时演奏特色民乐，总统听后连连合掌致谢。了解到总统夫人喜爱鲜花、饮食低盐低脂的需求后，酒店特意使用20余种花卉精心布置，并制定了多套饮食方案，标注食物的卡路里、过敏原，为菜品配图并配法语说明。北辰洲际酒店接待马达加斯加共和国总统的任务

联合国秘书长古特雷斯在外交部常驻联合国代表、大使马朝旭陪同下参观北海公园九龙壁

突尼斯总理夫人赫拉参观颐和园

中国大饭店茶歇摆台"笑脸迎客"

明确后,立刻与马达加斯加驻华大使馆进行接洽,邀请驻华大使考察,并根据大使提出的意见,为总统定制了独特的点餐菜单。同时,安排了24小时私人管家,迅速高效地向总统提供反馈,得到了宾客的一致赞扬。接待埃及代表团的万达文华酒店则结合埃及元首喜爱颜色,选用上好花材,于酒店正门摆出中国国旗与埃及国旗的造型,并在大堂、餐厅播放埃及元首喜爱的钢琴曲目。

作为本次会议媒体中心的北京国际饭店,针对媒体记者携带器材较多以及用餐时间不固定的特点,专门安排人员帮助记者搬运器材,延长餐厅开餐时间,尽可能地为媒体记者及工作人员提供便捷的用餐保障。

"很享受在北京长城饭店的入住时光。""我们代表团在国贸大酒店度过了美好的时光。""中国大饭店这家美妙绝伦的酒店给予我非常愉悦的入住体验。你们的服务是完美的。"索马里总统、刚果总理以及非盟主席纷纷留言致谢。酒店员工全身心投入服务工作，以最饱满的热情，最悉心的服务，用微笑和汗水诠释了最高规格服务。

精心改良　中华美食让非洲宾客赞不绝口

9月3日，2018年中非合作论坛北京峰会首场活动——中非领导人与工商界代表高层对话会暨第六届中非企业家大会在国家会议中心举行。作为峰会重要配套活动和开场活动，场馆以高规格、高品质、高标准的服务赢得中外来宾的一致称赞。继2014年APEC领导人会议、2017年"一带一路"国际合作高峰论坛后，国家会议中心服务保障团队带来的"北京服务"再次亮出了金字招牌。非洲宾客吃上老北京小吃，这样的画面成了大宴会厅一景。为了让点心更适口，厨师团队调整了艾窝窝、驴打滚儿、糖耳朵、萨其马等多款老北京小吃的硬度、甜度和尺寸，每样点心都可以直接一口吃下。

餐饮是接待任务当中的重要内容。考虑到嘉宾的饮食禁忌、风俗习惯和口味偏好的不同，厨师团队没少下功夫：菜品的加工制作和调味全部精心再设计，菜品既能体现中华民族的饮食文化，又能迎合宾客们不同的口味，改良后的中华传统菜品——贵妃鸡、鱼香虾球、风味烤羊排，尤其受到参会代表欢迎。为避免客人对食物过敏，不仅所有的食物标签都有中、英、法文对应，还把配料和辅料都标记出来。

峰会期间，接待组在餐饮服务方面，完成人民大会堂工作午宴菜单、座位卡设计制作，圆满完成了保障任务。完成国家会议中心会议茶歇、贵宾茶歇、自助午餐餐饮服务任务，设置3个入口、12条自助餐线、1200个餐位，保证了用餐时间和舒适度。

监督43家住地酒店及会场餐饮服务安全，快速检测样本5713件，餐饮留样20318件。对食品和食品原材料供应企业及住地酒店的食品、餐饮具、冷荤凉菜参照国家食品安全标准及检验方法开展风险抽检3356件……一组组

国家会议中心餐饮服务

数据背后是接待组确保供应食品安全与餐饮食品安全的努力。

万无一失 交通全天候应对临时需求

"北京服务"保障着非洲宾客的衣食住行,这其中,出行是最艰难的任务。

交通服务方面,交通系统全员停休,7×24小时处于备战状态,实现了城市交通和会议交通协调运转。共安排车辆1786辆,服务55个代表团和26个国际组织,上会服务驾驶员和调度管理人员2141人。安全运送参会代表29079人次,安全行驶352749公里;工商界、注册媒体、工作人员及志愿者共累计发车4141车次,运送人员14795人次,安全行驶里程177377公里。

首旅集团旗下的首汽集团是交通服务保障的"国家队",满足领导人、代表和工作人员的机场抵离、活动转场等交通需求。车队虽然"身经百战",这一次却面临着前所未有的新挑战:负责接送非洲国家元首和政府首脑共50多名,数量创了新高,临时的双边会见和第一夫人之间的见面也多了,这要求司机全天候随时待命,必须做到接送及时,不能让宾客耽误一分钟。

为了保障万无一失,车队每次出车前,所有车辆都要进行三重检验——司机自检自查、车队检查和首汽集团检查,确保无误后才能行驶,车队司

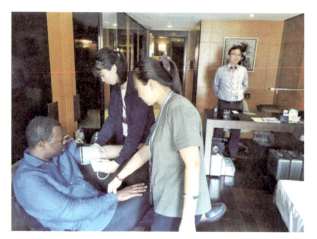
医疗服务

机必须"一人一车",不能换车开,保证驾驶绝对熟练。这次峰会,车队不负使命,做到了"零事故、零差错"。

提升品质　展现北京服务亮点

会外活动方面,在原有以世界文化遗产为主的路线外,特别遴选了部分北京市的高新技术企业纳入会外活动线路中,共包含1日游路线2条、半日游路线5条。完成29个外方贵宾代表团参观、购物接待任务,涉及八达岭长城、颐和园、天坛、慕田峪长城、红桥市场、秀水街市场、首都博物馆,同时为近300名代表提供旅游咨询服务。

9月2日,联合国秘书长古特雷斯在外交部常驻联合国代表、大使马朝旭陪同下参观北海公园九龙壁。突尼斯总理夫人赫拉·沙海德在游览完颐和园后,对中国传统文化及讲解员的服务表示赞赏和肯定,"北京的秋天真的很美。非常感谢你的介绍,让我了解了中国这个国家文化,你的笑容让我感觉很温暖、很开心。我很享受在这里的时光。"

峰会期间的医疗服务同样获得肯定。市卫生计生委共派出北京医院、协和医院、中日医院等25家医疗机构组成了73个医疗组,负责人民大会堂、国家会议中心、钓鱼台国宾馆、新闻中心等4个会议现场以及领导人住地、媒体住地、企业家住地等42个住地的医疗保障工作。一线医疗、疾控、卫生计生监督保障共派出463人、85辆工作车，圆满完成了各项保障任务。

此外，峰会期间尊重非洲国家与会人员宗教生活需求，在国家会议中心、中国大饭店、北京国际饭店设立了礼拜室和静思室。

各级领导高度重视，健全工作机制；细化完善工作方案，提升服务品质；各成员单位相互配合，加强信息沟通……接待组20个成员单位相互协作，密切配合，积极借鉴"一带一路"国际合作高峰论坛接待服务成功经验，坚持归零心态，从严从细做好此次接待服务工作，圆满完成接待服务工作，体现北京服务水平，展现北京服务亮点。

大国小窗

第二部分

实践探索

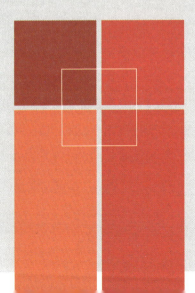

扬理念，显文化，品牌建设添动力
——北京饭店大型活动接待服务侧记

中华人民共和国成立以来，北京饭店作为中国酒店业民族品牌的代表，一直是党和国家举办重要国务活动的场所，承接了中央、各大部委、北京市的各类重大活动及大型活动的接待服务任务，见证了一个个具有历史意义的时刻。2014年至2017年北京饭店圆满完成了APEC领导人非正式会谈、"一带一路"高峰合作论坛、党的十九大等一系列大型国际会议和重要高端接待服务任务。在圆满完成各项接待任务的同时吸取了宝贵实践经验，一方面反映着"北京服务"的精神内涵，另一方面又促进着"北京服务"品牌的建设及推广。

一、精准高效，全力服务"两会"

北京饭店是每年全国人大香港、澳门代表团的住地，承担了港澳人大代表的接待服务工作。召开"两会"是我们国家政治生活中的一件大事，圆满完成每年大会的接待服务任务具有十分重要的意义。饭店按照大会要求成立以党委书记、总经理为组长的人代会接待领导小组，制定接待工作方案、安全工作保障方案和各种应急预案，并抽调有关部室的经理和业务骨干组成住地接待工作组，明确工作职责，统一指挥、协调人代会期间的接待服务工作。

为圆满完成大会的接待服务工作,大会前期对饭店消防安全、设备安全、食品安全进行检查。对消防、反恐、保密、食品安全等方面进行专项培训。北京饭店按照大会要求,在认真贯彻落实改进会风的相关要求的同时,重点在提高服务质量和个性化服务上下工夫,在大会规定的食宿标准内,精打细算,确保服务工作更上一层楼。在接待服务中,饭店以更用心、更周到、更细腻、更热情为服务原则,充分体现了"北京服务"的理念,受到了人大代表的赞扬。

北京饭店每年承担"两会"服务接待工作

客房针对北方春季气候干燥的特点,为每位人大代表房间配备了加湿器。饭店还将个性化服务想在前、做在前,准备了硬板床、多种材质的枕头、浴室防滑垫,并在人大代表和工作人员下榻楼层的服务台、餐厅准备了信息板,为人大代表及工作人员提供天气预报、大会通知等相关信息。

厨房根据香港、澳门人大代表年龄、生活、饮食习惯以及气候的变化,千方百计变换菜点品种,调剂主食花样,合理搭配膳食,想方设法满足人大代表们的饮食需求。厨房还考虑到部分人大代表的特殊身体状况,烹制了部分低糖少油的菜品,制作了无糖、低糖酸奶,提供脱脂牛奶等,香港团刘佩琼代表说:"饭店制作的菜点清淡、美味、健康,既饱了口福,又避免了浪费"。

在服务中我们还更加注重用情、用心、周到、细致的服务。虽然是自助餐形式，但服务人员仍然实行重点服务，主动引领代表就座，将他们喜爱的菜点、汤品、饮料等服务到桌。服务员和厨房还为有个性化服务要求的人大代表提供个性化服务。

会议室工作人员提前与代表团工作人员沟通，按照要求更换场型。饭店在会议室配备了"百宝箱"，其中有放大镜、老花镜、针线包、创可贴、信封、订书器、便签等办公用品，并按照大会相关要求减少文具更换频率，勤俭办会。会议服务得到代表们的一致认可，饭店多次收到表扬服务人员热情、周到、高效服务的信件，这也体现了两会代表对"北京服务"的高度认可。

二、包容开放，优质服务 APEC

2014年在中央、北京市旅游委、首旅集团的领导和支持下，北京饭店圆满完成了 APEC 领导人非正式会议的服务保障工作、水立方欢迎晚宴及来京参会的巴基斯坦总理及香港特区行政长官下榻服务保障任务。APEC 领导人非正式会议的服务保障工作，得到了中央领导同志和各国贵宾的高度评价，为2014年 APEC 领导人非正式会议的成功举办做出了贡献。

APEC 领导人非正式会议是亚太地区层次最高、领域最广、影响力最大的一次中国主场外交活动，北京饭店承担这一重大服务保障任务，深知任务艰巨、责任重大、使命光荣。为确保 APEC 会议整体服务保障工作做到最好，饭店成立了以党委书记、总经理为组长的接待领导小组，设立了接待办公室，在战时阶段实行24小时办公，全面统筹各项服务工作，形成了强有力的决策领导机制，保障了各项服务工作高效有序进行。饭店认真落实中央、北京市精益求精做好服务保障的各项指示精神，全力做好筹备工作。制定了《北京饭店2014年 APEC 领导人非正式会议服务方案》等多项工作方案以及各种应急预案，细化服务流程，优化服务标准，固化每一个服务保障岗位职责，做到人岗合一，为高质量、无纰漏地完成服务任务提供制度保障。

饭店在北京市旅游委和首旅集团的支持下，精心选拔组成了一支政治可靠、业务过硬、形象出色的服务团队。通过狠抓培训，全方位提升了服务人员的业务技能和综合素质，为高质量完成服务工作提供了可靠人员保障。

饭店以"没有最好，只有更好"的标准，全力以赴做好服务筹备。水立方欢迎晚宴是 APEC 会议的聚焦点和"重头戏"。北京饭店作为水立方欢迎晚宴服务保障的牵头组织单位，在北京市旅游委、首旅集团的领导下，发挥牵头作用，积极对接，加强统筹，使共同参与水立方欢迎晚宴服务的多家保障单位协调一致，配合密切，确保了整个筹备阶段运转高效有序、富有成效。在筹备阶段的 6 次实际演练中，北京饭店在演练现场组织指挥千名厨师及服务人员严格按照正式欢迎晚宴流程及时间节点，围绕晚宴服务全环节全要素进行了成功演练，在菜单的制定、菜品造型和口味改进、菜品温度保持等方面反复试验提升，在各服务环节衔接、服务细节雕琢上下足功夫，圆满达到了实际练兵、检验成效的预期目标。特别是 2014 年 11 月 4 日举行的全流程实战演练赢得了前来视察的中央领导同志的充分肯定和赞扬，称赞菜品制作精美、高雅富丽、手艺精湛、服务精确到位。

在 APEC 领导人非正式会议服务工作中，饭店精心筹划、缜密安排，遵守惯例、统一标准，尊重个性、注重细节，以最高标准、最严要求、最有力措施完成好各项会议活动的服务保障工作，为参会贵宾提供了堪称完美的接待服务。这次服务做出的创新和亮点集中体现在水立方欢迎晚宴服务中。

水立方欢迎晚宴以富丽精美的菜点和细腻完美的服务赢得了贵宾的高度赞许。北京饭店全体服务人员，自始至终以高昂的士气、饱满的精神、最佳的状态，一丝不苟地完成欢迎晚宴服务方案所规定的流程标准和时间节点，为出席宴会的各国首脑和嘉宾提供了尽善尽美的一流服务，整个服务过程高效流畅、对接紧密、菜点色香味形俱佳、温度恰到好处，服务精准到位，出席晚宴的贵宾沉醉于中华美味、中国文化、中国服务的美好享受中，服务全程堪称完美无瑕，令贵宾叹为观止。欢迎晚宴取得了巨大成功，实现了中央提出的"三满意"：国家领导人满意、各国首脑满意、与会嘉宾满意。中央领导同志对欢迎晚宴给予了高度赞誉:"宴会饭菜很好,菜点丰富、搭配得当,餐具很有特色。"经济体领导人也满意地表示:"菜点非常好!我很喜欢!"其他与会嘉宾也表达了赞许之意。晚宴结束后,北京市领导同志充分肯定和高度赞扬北京饭店水立方晚宴服务工作,指出北京饭店为北京市整体服务保障工作画下了浓墨重彩的一笔,向全体参战人员表示衷心感谢。

2014年APEC会议是党的十八大以来在国内主办的规模最大、级别最高的重大国际多边活动,北京饭店承担APEC会议的服务保障任务,体现了中央、北京市、首旅集团对北京饭店的高度信任。北京饭店全体员工不辱使命,全身心投入到APEC会议服务保障工作中去,以高昂热情和冲天干劲完成每项任务,不怕苦累,忘我工作。筹备阶段,饭店在北京市旅游委和首旅集团的关心和具体指导下,厨师们多次进行技术攻关,反复研究改进菜单,一次次试菜,经常忙碌通宵;饭店负责水立方晚宴现场指挥工作的同志,面对晚宴现场面积大、结构复杂生疏的情况,不辞辛劳,一次次实地踏勘,为制定严密流程收集了最为全面的资料;在临战阶段的6次实际演练中,所有参与演练的服务人员付出了巨大的辛劳。厨师们长时间工作在为保证菜品的适宜温度而设置了多盏高温保温灯的厨房内,人人都是汗流浃背;服务人员克服演练时间长、强度大、现场条件复杂、后勤保障艰苦的困难,严谨认真,毫不懈怠,反复演练,很多人脚站肿了,手臂举酸了,嗓子喊哑了,但

北京饭店认真完成在北京国家游泳中心(水立方)举行的亚太经合组织(APEC)第二十二次领导人非正式会议欢迎晚宴

没有人叫苦叫累，始终保持着高昂的工作激情和一丝不苟的工作态度。承担水立方晚宴后台后勤保障和卫生保洁任务的员工们，甘做幕后英雄，不辞辛苦，任劳任怨，最先进场、最后离场，做了大量琐碎却重要的后勤保障工作。在多次演练及正式欢迎晚宴中，服务人员制作热菜及汤品共计13500道；发放工作餐盒345箱，共8625个；饮料近20000瓶，清运各类垃圾300余袋。正是饭店全体员工敢于担当、不畏困难、勇于奉献的精神，使得北京饭店出色地完成了这一重大任务，奉上一场精彩难忘的盛世盛宴。

三、彰显文化，用心服务"一带一路"

2017年5月14日—15日，"一带一路"高峰论坛在北京召开，该论坛是第一次由我国提出并主办召开的国际大型会议。在此期间北京饭店在紧抓经营，接待各类活动的同时，还荣幸地参与了"一带一路"高峰论坛国家大剧院酒会接待的服务。

为了保障酒会服务万无一失，北京饭店配合相关单位进行了6次演练。每一次演练饭店均按照当天活动的时间节点从食品制作、运输流程到现场服务流程，从熟悉场地、设计摆放到餐台整体布置，每一个环节都细致入微、精益求精，从而保证当天活动顺利完成。参与活动的工作人员，都通过了层层筛选，拥有突出的业务技能与丰富的实践经验，在每次演练中都反复熟悉自己的工作内容，以求完美的表现。在菜品上，北京饭店根据外交部的要求和客人的需求，多次进行调整，做到味美、型美。在菜品的制作、运输、摆盘上，严格服从食药局的监督管理要求，做到安全、细致。在餐台台面上进行精心设计，北京饭店结合"一带一路"主题，设计了海洋与陆地、沙漠与绿洲元素的吧台，厨师选用可食用的原材料雕刻了沙漠中的驼队，湖中盛开的荷叶和花朵，小岛上的椰子树和蓝色的海洋，与大会主题相呼应。虽然只是一个简单的吧台功能，但是通过北京饭店厨师高超的各种技艺展现出的是我国古丝绸之路的景象，向世界展示着中国文化特色。

北京饭店圆满完成在国家大剧院举行的"一带一路"国际合作高峰论坛欢迎酒会服务任务

四、精益求精,一流服务保障"十九大"

2017年10月,北京饭店光荣地承担了"十九大"的接待服务任务,这是党中央、北京市委、市政府对北京饭店的高度信任,也是北京饭店义不容辞的光荣职责。在大会秘书处总务组、北京市委、市政府、市旅游委、首旅集团的领导下,北京饭店全体员工讲政治、讲大局、讲奉献,圆满、出色地完成了"十九大"的接待服务任务,再一次展现了"北京服务"的响亮品牌。

2017年7月上旬,饭店成立了以饭店党委书记、总经理为组长、三位副总经理为副组长的接待领导小组,负责协调大会各项筹备工作。在2017年9月上旬按照大会要求又成立了住地服务组,并于大会期间24小时值班。

大会前期,饭店与中直机关签订了《北京饭店保密承诺书》,同时对全店员工进行了安全保密教育,也签订了《保密承诺书》。对全店员工和外租外包单位员工进行全员政审，并根据要求进行人员信息采集和制证工作。饭店与各部室、外租外包单位及常住公司签订了《安全责任书》。

饭店在制定各种安全工作方案、预案的基础上，重点开展了6次消防、反恐、防爆演练。邀请市消防局和市食药监局的同志举行了消防和食品安全专项培训。根据大会总务组下发的《党的十九大住地总务工作服务规范》标准，饭店开展了店、部两级培训，涉及礼节礼仪、服务标准、操作规范、消防安全、食品安全、保密制度、反恐安全等内容。以"北京服务"为统领，全面展示五星级饭店的服务水平。

在接待服务上，北京饭店在住地秘书组和总务组的指导和大力支持下，饭店住地服务组与住地秘书组密切沟通，配合住地联络员做好有关接待服务，对列席人员转场、接送站、开闭幕会、外出参观、票务统计等工作，做到勤碰头、细对表、强值班。住地秘书组和住地联络员不辞辛苦，精益求精，经常连夜召开联席会协调、细化工作方案，无论多晚住地服务组也积极配合迅速传达落实。同时服务组与饭店各部门相互协调、密切配合做好接待服务事项，主动征求列席人员和工作人员的意见和建议，及时向饭店领导汇报并反馈给相关部门，使饭店的各项接待服务工作高效、有序进行，受到了各方面的肯定。北京饭店接待服务不同于其他住地，接待的列席人员普遍年龄大、资历老、职务高，有年近百岁、德高望重的原中顾委委员，有十八届中央委员、中央候补委员和中纪委委员，还有许多在职的党政军和企业高校高级领导干部，在本次接待活动中，70岁以上高龄列席人员9名，90岁以上8名，最大年龄98岁。在服务上体现出规范化、精细化，满足列席人员的个性化服务需求。饭店大堂及公共区域，按照大会要求布置得喜庆而庄重。列席人员餐厅门前一幅名为"伟大征程"的粮食画作品吸引了列席人员的目光。此幅粮食画是由北京饭店厨师使用30余种粮食制作而成，展现了从中国共产党第一次代表大会嘉兴南湖会议，到象征中国革命圣地的延安宝塔山、天安门城楼，再到习近平总书记倡导的"一带一路"倡议的伟大征程，庆祝党的十九大胜利召开。列席人员纷纷夸赞北京饭店厨师技术精湛，创意独特。

北京饭店一丝不苟地完成党的十九大接待服务工作

2017年10月15日、16日两天共计286名列席人员陆续入住北京饭店。由于多数列席人员零散抵京,饭店服务组派专人到机场、火车站迎接,所有列席人员进入饭店时,住地服务组接待人员主动迎候,热情高效地协助列席人员办理报到入住手续,大堂有专人负责行李运送和引领工作,一直引领列席人员至房间,并详细介绍房间设施。饭店内处处洋溢着热情周到的服务氛围,让列席人员感到宾至如归。根据北京近期天气转凉的情况,北京饭店在2017年10月15日列席人员报到当天供暖,为列席人员提供一个舒适的住房环境。

在客房服务上,饭店抽调中层管理人员和服务骨干,成立各楼层24小时服务台班,负责列席人员上下电梯和搀扶工作。按照大会要求,饭店在房间准备了静音闹钟、放大镜、小板凳、洗漱包、防滑垫、文具袋等用品,同时客房为列席人员准备了荞麦皮、超级舒适加硬型等多种枕头。根据部分列席人员年龄较高的特点,饭店在房间配备洗脚凳的基础上增加了洗澡凳,确保列席人员住得舒适、安全。饭店服务人员主动征求列席人员的意见和建议,了解列席人员的生活习惯,为他们提供个性化的服务。

在餐饮服务上,为了使列席人员吃得好,吃得健康,根据大会统一供应的食材品种制定了大会期间的每日菜单,按照大会改进会风的要求,虽然没有提供高档食材和酒水,但饭店别出心裁的变换菜点品种,调剂主食花样,合理搭配膳食,以满足列席人员的饮食需求。饭店特别增添了明档操作,提供具有中式特色的炸酱面、担担面、水饺、馄饨等餐食,以及西式香草烤牛里脊、传统比萨等特色饮食，具有老北京特色的豌豆黄、艾窝窝等北京小吃也备受列席人员喜爱。另外，针对北方秋季气候干燥的特点，准备了润肺降燥的冰糖雪梨汤、红枣银耳、红豆沙、乌鸡汤等煲汤和饮品。厨房还考虑到一些列席人员的身体情况，烹制了部分低糖、少盐的菜品。为了照顾列席人员的民族习惯和饮食习惯，餐厅开设软席、素席、无糖席，并独立开辟清真席，特意安排清真厨师制作菜品。

在会议服务上，每次会议开始前30分钟，饭店派管理人员和服务员在各楼层协助列席人员上下电梯，保障列席人员准时、快速地抵达会场。根据部分列席人员年龄较高的特点，各会议室特意准备了放大镜、老花镜、各种文具、创可贴等，列席人员夸赞北京饭店准备充分、考虑周到。

2017年10月18日上午，列席人员乘车前往人民大会堂参加开幕会。考虑到当天有降雨天气，饭店提前安排了由20余名人员组成的服务队伍，18日早晨服务人员手举雨伞在饭店门口整齐列队，一一为列席人员撑伞上车，列席人员非常感动。

北京饭店在创新经营中取得的成果，以高端重大服务保障任务激发和检验创新，以创新促进饭店完成重大服务保障任务，形成了经营创新与巩固传统服务优势、完成高端重大服务保障任务相互促进的良性互动机制。进一步总结和固化在重大服务保障中形成的成功经验、做法、流程和标准，固化创新成果，将创新更深刻地结合融入企业改革发展的进程中去，为"北京服务"的品牌建设添砖加瓦，以北京饭店为平台，更好地展示大国外交、大国礼仪、大国形象。

建设一流国际会都，擦亮"北京服务"品牌
——北控 APEC 会议筹备工作侧记

2014年11月11日，亚太经合组织第二十二次领导人非正式会议（以下简称 APEC 会议）在北京雁栖湖湖畔圆满落幕。21位世界上最有影响力的领袖人物聚集在这里召开了一次历史性会议，会议通过了《北京纲领：构建融合、创新、互联的亚太——亚太经合组织领导人宣言》和《共建面向未来的亚太伙伴关系——亚太经合组织成立25周年声明》两份成果文件，足以说明北京雁栖湖国际会都项目建设使命光荣、意义重大。

APEC 会议是继2008年北京奥运会后在国内主办的规模最大、级别最高的重大国际多边活动。北京雁栖湖国际会都一亮相，就以其恢宏大气的汉唐风韵及精致典雅的湖光山色赢得与会各国领导人的高度赞誉。

三年的筹备建设、八个月的升级改造、两个月的模拟演练以及会前八天的服务保障冲刺，北京雁栖湖国际会都项目的筹备建设及服务保障，凝结着北控集团、北控置业全体员工的心血和智慧，向来宾展示着"北京服务"的魅力。作为"北京服务"的一分子，北控人坚持发扬北控精神，坚决执行北控标准，坚定遵守北控品质，将高标准、高品质"国际会都"呈现在世人面前，处处融入以人为本、服务民生的服务理念与模式，为 APEC 会议顺利运行和圆满成功打下了坚实基础。

一、高标准规划，聚焦会都、聚力北京

（一）雁栖湖国际会都项目规划建设，是北京市委、市政府的正确决策和坚强领导

为强化首都国际交往服务职能，加快推进首都经济发展方式转变，实现把北京建设成为世界城市的战略目标，根据《北京城市总体规划》，2010年4月，为打造能承接 APEC 会议等国际高端会议、论坛的平台，北京市委、市政府决定在北京怀柔雁栖湖地区建设生态发展示范区。通过国际化视野高标准规划、前瞻性战略性高起点定位、低碳环保高科技融入建设、高规格精细化高效运营，将示范区建设成为国际一流的生态发展示范新区。

北京雁栖湖国际会都项目建设以中国文化特色为统领，其战略定位为：国际一流的生态发展示范区、首都国际交往的重要窗口、世界级城市旅游目的地和生态文化休闲胜地。项目通过实施政府主导、社会投资型发展战略，围绕"国际一流水平的会议会展区和生态发展示范区"这一核心内容进行建设，突出属地特性，结合自然、地理、历史和文化背景规划发展，呈现了北京独有的国际会都魅力。

（二）抓住机遇、迎难而上，北控集团勇担"国际会都"光荣政治任务

为积极响应北京市委、市政府的号召，承建"北京雁栖湖国际会都"重

厨房人员精心摆盘

消防应急演练

点项目，2010年6月，北控集团成立全资子公司北京北控置业有限责任公司，精心打造北京雁栖湖生态发展示范区，以作为APEC会议首脑级峰会场所。通过充分整合集团系统内部资源和拓展社会资源开展市场化运作，积极推进雁栖湖国际会都项目发展建设，有效推动集团实现高端发展。并以此推动北京"四个中心"的建设，助力"北京服务"的推广。

作为北京雁栖湖生态发展示范区的核心组成部分，"北京雁栖湖国际会都"项目主要包括：雁栖岛、日出东方酒店、北京雁栖湖国际会展中心等，总建筑面积约34万平方米。项目于2010年4月2日启动，2010年12月18日正式开工奠基。其中雁栖岛整个建设工程采取分期推进方式：一期工程包括北京雁栖湖国际会议中心及8号、9号和10号3栋贵宾别墅；二期工程包括1号、2号、3号、4号、11号和12号6栋贵宾别墅及雁栖塔；三期工程包括5号、6号和7号3栋贵宾别墅和雁栖酒店等建设工程。同时，日出东方酒店和北京雁栖湖国际会展中心也分别于2012年7月及2013年8月开工建设。

（三）加快产业布局和战略结构调整，试点企事业单位转制，深化改革

北控集团作为北京市委、市政府加快首都国有资本战略调整、做大做强的少数关键企业，在建设大型国际会议会场过程中，具备较强的实力。按照北京雁栖湖生态发展示范区项目建设的整体安排和部署，加快国有经济布局和结构的战略性调整。

承接转制单位工作是如期推进雁栖湖国际会都项目整体进程的重要环节，是市委、市政府和市国资委加快转变经济发展方式、优化国有经济布局的一项重要举措，是进一步实现优化国有资产的需要。面对形势的变化，北控集团、北控置业进一步提升战略敏感度，优化资源配置，适时根据形式变化调整并完善规划：①"五组团"重组改制、转型发展，在体制转型升级过程中，进一步深化国有企业改革；②完善商业模式、整合优势资源，提高效益效率，通过企业产权改造、资产重组取得新进展；③市场化运作，激活各

类资源和资产的增值能力，努力实现向高端服务业态发展转化，实现集团"高端发展、做强做大"的战略目标；④通过倡导"北京服务"理念，扎实推进北京服务业的转型升级，优化产业结构并提升竞争力。

（四）领导重视、形成合力，市区各级领导部门给予鼎力支持

2011年至今，项目建设受到各级领导的高度重视。项目建设前期，时任北京市市委书记刘淇、市长郭金龙听取了多项规划方案汇报并作出指示，时任北京市委常委、副市长陈刚亲自调度项目前期手续。项目开工后，外交部、北京市委、市政府及怀柔区等主要领导及各类专家学者多次视察并指导工作，为北京雁栖湖生态发展示范区的发展注入了一支强心剂，政府、企业之间形成了强大合力。在市政府强有力的推动下，在市各相关委、办、局及怀柔区的大力支持下，北京雁栖湖国际会都项目规划建设、土地开发和配套设施配备等各项工作进展顺利。

二、举全集团之力，助推项目建设，打造"北京服务"品牌，提供坚强后盾

（一）创新改革发展路径，集团注资进行投资建设

北控集团勇于创新发展路径，不断深化改革实践。在承担北京雁栖湖国际会都项目（含金雁饭店项目）的建设过程中，自行募资，企业化经营。通过企业自筹资金、国资委注资，以及通过北京银行、国家开发银行等渠道融资，共得项目建设资金99亿元（含土地出让金）。

在保证自有资金投入的同时，北控集团还通过滚动开发、合作开发、税费减免、合理安排开发节奏、统筹资金平衡等措施，减少资金和成本压力，保证项目资金及时投入，实现预期的开发收益，确保了项目建设顺利进行，为打造"北京服务"品牌提供了有力支撑。

（二）统一指挥、加强领导，成立专项工作领导小组

2014年APEC会议领导人非正式会议在北京雁栖湖举办，充分体现了党中央、北京市对北控集团的高度信任。为全面落实市委、市政府要求，扎实推进北京雁栖湖国际会都项目建设，加强项目组织领导。2013年5月6日，北控集团正式成立由集团董事长王东为组长，集团常务副总经理李永成为常务副组长，其他有关副总经理、相关部室及单位的负责同志组成的北京雁栖湖国际会都项目领导小组。领导小组共召开六次会议，解决了诸多项目建设难题，并协调与市、区各委、办、局对项目提供了巨大支持。

北控集团成立专项督导小组，由集团常务副总经理李永成任组长，集团副总经理王剑、集团监事会主席徐辉任副组长，重点从项目进度全程督促，项目建设质量把关检查，项目消防、防汛、防盗等安全、保卫工作现场检查，项目现场成品保护工作进行督导检查四个方面进行检查督导。2013—2014年，专项督导小组共召开十七次会议，在北京雁栖湖国际会都项目建设进度、建设质量、安全管理、资金支持等方面发挥了重大作用。

（三）集优势资源，协调联动，全力保障APEC会议

参与北京雁栖湖国际会都项目建设，北控集团各有关单位也给予了大力支持和鼎力协助。项目建设期间，北控集团集优势资源，抽调集团内各大企业安全管理人员组织安全监督团队支援北京雁栖湖国际会都项目建设。为确保项目安全，集团、置业先后派驻消防安全监督员70名，分区、定点、专人对施工现场进行排查、督导、防范，充分做到事前预控、事中处理、事后跟踪、抓住重点、层层落实。日出东方酒店燃气输送遇到问题，北京燃气集团总经理李雅兰来到项目现场，定方案、想办法，当天协调解决这一棘手问题。

北控集团以高于奥运的标准保障APEC会议顺利召开。集团董事长王东、总经理侯子波多次到项目现场指导会议筹备及运营工作，检查APEC主会场各项设施、确保会议电力保障及会场服务保障工作。北京燃气集团结合2008年奥运会、中华人共和国60周年庆典活动以及全国"两会"等重大活动保障

经验，与保障酒店建立"手拉手对接"，特别对会场驻地及周边核心区管网运行状况进行重点监测。会议期间，北京燃气集团平均每天参与保障任务的人员达 4899 名、参与保障任务的车辆 290 辆。北京京仪集团有限责任公司组织 100 余名职工组成 APEC 会议保障团队为会议提供 24 小时不间断服务，加强配电值班及线路供电巡视，有力保障了会场供电安全。北京京仪绿能电力系统工程有限公司为 APEC 会议中心地下车库入口车棚捐赠了光伏发电系统，用绿色电能为北京"APEC 蓝"贡献力量。北控置业栖湖饭店、普岚山庄等物业部门为项目提供了重要的后勤保障，承担了大量视察接待等艰巨任务。

三、高标准建设，北控置业将细节做到极致，打造高品质生态建筑

（一）全面深入项目各个领域，加强协调监督

北京雁栖湖国际会都项目建设期间，北控置业成立专项领导小组，全面深入项目各个领域，协商解决项目具体问题：一是对项目进度进行了全程督促、协调；二是对项目防火、防汛、防盗、成品保护等安全工作进行检查、督导；三是对项目环保材料使用情况进行了检查指导；四是加大协调市住建委工作，解决了北京雁栖湖国际会都项目方案调整后所有可能涉及招投标冲突事宜；五是协调怀柔区水务局、园林局、电力、市政等单位对项目的支持工作，对会都项目周边涉及边界问题进行协调工作；六是积极申请资金、帮助项目摘地，制定凯宾斯基运营单位团队接续工作。北控置业领导小组共召开七次会议，确保了北京雁栖湖国际会都项目如期完工，并具备在 2014 年承办国际高端会议的能力。

（二）搭建高效、专业的团队指挥体系，做好服务保障

在设施运行与场地保障为核心任务的前提下，北京雁栖湖国际会都项目运行与保障团队建立了四级指挥系统：第一级以北控集团董事长王东和北控

专项清洗地毯

现场沟通协调

置业董事长于力为总指挥，统筹管理；第二级根据任务分为设施运行与场地保障两大团队，分项展开；第三级主要以会议中心、雁栖酒店、精品别墅及能源中心这四个重点区域为分支，加以"室外保洁""跟其他单位配合工作"等重点任务为其余分支，明确分工；第四级根据专业，将区域分支内的具体任务划分为水暖、门窗、装饰末端、电器、电梯、消防等专项小组，细化分工。

在围绕核心任务的大框架下，设施运行保障开展了"纵向到底，横向到边"的联合演练，前期以会议中心、雁栖酒店、精品别墅及能源中心这四个重点区域单独开展纵向到底的单体演练，后期横跨区域形成专业一条线，开展横向到边的大型联合演练。同时，确认责任到人，权责平衡，有效提高办事效率和质量。此外，为满足保障任务多元化要求，在具体的任务管理上任命专业技术人员为负责人，这样一来，总指挥可以将任务直接委派到更基层的操作层次，形成反应敏捷、效率优先的工作机制。

（三）以质量坚守品质，打造高品质生态建筑

贯彻落实绿色环保建设要求，全力保障项目环保低碳节能。作为北京雁栖湖生态发展示范区的重要组成部分，北京雁栖湖国际会都项目在再生、环保、低碳、节能等方面不断创新，北控置业也在项目建设过程中充分体现国有企业的社会责任，大量运用和创新绿色建筑技术，使其成为生态建筑的典范。北京雁栖湖国际会都项目在建设过程中，充分应用世界领先的生态环保

科技手段，广泛采用七十余项先进生态技术，倾力打造山水和谐、技术领先、国际一流的生态发展示范区。

项目建设过程中严把工程质量，提升项目品质：一是实施"质量一票否决制"，通过定期检查和不定期抽查相结合，监督检查《总承包施工协议》质量落实情况；二是严格查验工程质量是否符合设计要求，是否存在质量隐患，是否有相互串通，利用质量评估、设计变更等手段增加工程费用等行为；三是严把验收关，树立高度的忧患意识和责任感，始终坚持全球化的视野和高品位的追求，设定高质量标准，狠抓工程质量。

在北京雁栖湖国际会都项目的建设过程中，无论从绿色生态还是安全质量，北控出品的标准之高都令业界称奇。为了在北京雁栖湖国际会议中心达到更高的环保和空气质量要求，项目创造性地用糯米自制地毯胶，经过专业建筑材料质量监督检验中心的检测，达到了完全无污染的标准。为了确保会议酒店的设施设备安全，制定了《安全工作标准》，在设计阶段就反复确认结构设计的安全性，并对主要场所的花灯进行了二次安全防护。为保证供货方质量过硬、产品安全，北控置业甚至增派了若干监督员驻场材料生产厂家，进行安全延伸管理。

截至 2014 年 12 月，雁栖岛工程获得了"全国绿色施工示范工程"荣誉，每个标段均获得了"北京市结构长城杯金杯"，日出东方酒店获得"中国钢结构金奖""北京市结构长城杯金杯"。整个工程为同类行业或者产业树立了标杆，并形成了独有的"雁栖湖标准"。

四、筑精品工程，创高端示范，促企业发展，国际会都项目组不断成长壮大

（一）动态搭建团队体系，促进管理集中高效

为及时应对解决项目建设复杂性所带来的一系列挑战工作，全面提升工

作效率，国际会都项目组从实际出发，落实工作责任，组建弱矩阵结构模式，根据项目建设情况成立四个项目经理部。将公司各部室专业人员分派至各项目部，成立跨部门机电协调组、精装协调组，推行扁平化管理，下放管理权、明确工作责任、提高决策效率，实现了在最短时间内有效解决施工遇到的设计、工程、成本等一系列难题。国际会都项目组通过推行弱矩阵结构，培养了项目部内部成员间的服务意识和合作意识，形成了"1+1>2"的合力效果，并通过在四个项目部之间引入竞争机制的形式，实施奖优惩劣，使房地产开发过程价值链的潜力得到较大提升。

为了克服建设周期短的实际困难，国际会都项目组采取各项举措加强沟通，加快配合部门进度。一是充分调动总承包单位的积极性，通过监理会、生产会、专题会并行制度及参建单位评分办法与施工单位劳动竞赛控制工程重要节点。二是在项目进入日夜不停工的状态后，公司领导干部在协调会、总办会的基础之上，每晚通过"夜查"方式，严把施工质量与安全，将细部调研和发现问题的环节放在晚上进行，力争做到有问题及时解决，坚决做到问题不过夜，问题不遗留，大力推进项目攻坚阶段项目建设进度。三是国际会都项目组结合项目建设实况，2013年国际会都项目组及时成立计划运营部，安排专人负责深入现场，第一时间掌握项目进度资料，与领导层间建立有效的沟通机制，对项目关键环节、重要节点实时监控，对可能滞后的节点提前预警，为领导工作决策提供依据，保证项目计划及时执行。

（二）以技术把控进度，提升效率助推工期

北京雁栖湖国际会都项目建立以BIM软件应用为载体的项目管理信息化系统，通过不断挖掘BIM的功能，不断提升项目生产效率、提高建筑质量、缩短工期、降低建造成本。国际会都项目组在优化设计，三维管线综合，核查钢结构、幕墙、内装等深化图纸，场地地形分析，核查室外管线接口，辅助算量，模拟施工进度，配合施工八个方面运用先进的BIM软件，在项目设计、深化、施工阶段前发挥作用，提前解决工程现场可能发生的错漏碰缺，避免了工程中拆、改所造成的浪费及时间的延误。

同时，引进网络版总控计划，根据项目进度倒排工期，实施以预防为主动态管理跟踪监控。一是通过设置正常、预警、提前、滞后等任务状态，记录工作内容与任务是否按期完成，追踪预定计划与当前进度的对比，追踪项目关键环节责任人及执行情况。二是对于现场发现的图纸问题、管线低于吊顶等实际项目中无法计划的问题，通过平台软件记录并追踪这些计划外的事件，对事件的处理时间加以限定，并提前预警，避免延误工期，提高工作效率。三是通过与客户端交互，实现BIM模型对应查看，从而在核查结构、幕墙、内装等深化图纸，核查室外管线接口，模拟施工进度配合施工方面，发挥控制洽商、加快进度、提高建筑品质的作用。

（三）以权责明确监管，确保项目安全

安全工作始终是项目组各项工作的重中之重，北控集团、置业总部推出多项举措，深化落实安全管理。一是协调联动公安局、内保局、消防局等相关单位精心组织、周密安排，以"有效预防、消除隐患、确保安全"为原则，多次组织总包单位开展安全竞赛、组织各参建单位开展安全演练、调动监理单位定期开展安全宣讲等活动。二是设立安全保卫部、组建专项安全工作小组、成立安全巡查大队，制定《施工现场文明安全施工奖惩细则》《施工现场文明安全施工管理标准》，根据怀柔地区季节特点，制定防火、防汛等防范措施和应急预案。三是针对项目重点区域，运用多种方式督查。把国际会议中心、雁栖酒店、雁栖塔等重点单体列为消防安全重点管控区域，采取多种方式进行安全监控，降低安全隐患。四是严格入岛管理，实现人员、车辆凭证入岛。项目进入精装修阶段，消防、成品保护等安全隐患增加，及时提升安全管控等级，加强人员及车辆出入施工现场管理。2013年以来，项目累计办理人员出入证16144个，车辆出入证2782个。

（四）组建设施运行保障团队，服务保障APEC会议

北京雁栖湖国际会都项目竣工后，会都公司响应置业总部要求，立即转化角色，由项目建设团队转为运营保障团队。公司领导亲自挂帅，成立设施运行保障团队,根据运营保障的级别和设备种类,会都公司设立电梯、空调水暖、燃气等七个保障运行小组。划定工作范围,落实职责到人,形成了强有力的保障力量。

为提高非电力设施运行团队的工作效率,公司给运行团队成员配备专用通讯手台,在重点要害部位安装固定电话,确保通讯畅通,指挥体系准确有效。公司先后组织修订标准秩序手册 10 余版,确定工作内容,实现责任到人,完善紧急预案,开展保障演练。APEC 会议召开前,保障团体开展专项、单体演练超过 20 次,开展大型综合演习 5 次。通过各项演练,先后发现了电梯手动运行、消防水压过大等几十项运行隐患,及时改进了运行保障工作。APEC 会议期间,非电力设施保障团队圆满地完成了保障运行任务。

(五)建立应急保障机制,提高风险预判和预防能力

通过多次综合模拟演练和专项演练,认真回顾演练过程,通过经验和教训形成了对风险的有效预判并制定应急措施。

1. 秩序手册:让流水账成为时刻表

2014 年 10 月,运行团队总指挥于力首次提出"秩序手册"的概念,即按照时间顺序,汇编会议当天自早五点半到晚七点半的保障时间内,保障团队所有行为及对应责任人。确保在保障的 14 个小时内,将入岛、设备检查、发饭、定时通报等 73 项具体工作有计划、有条理地罗列。同时,通过陈列所有具体工作,可以查漏补缺,确保保障工作无盲点、无缺失。

2. 非电力指挥中心:让值班室成为监控室

在会议中心地下一层设置了非电力指挥中心,消防、弱电、空调、热力等非电力设施保障组分派责任人值守,通过监控屏幕实时观测岛上所有位置,一旦出现紧急情况及时应对。

3. WIFI 系统定位终端:让手表成为定位器

在 371 名保障人员中,多名身兼突发性高、机动性强的任务的一线保障人员佩戴手表式终端,通过 WIFI 系统定位便可实时了解人员位置,在遇到突发状况时及时调度安排。

五、强强联合，通力合作，共筑服务保障防线

协调沟通强强联合，树立国企合作典范

北京雁栖湖国际会都项目自开工建设以来便倾注了北控集团、北控置业众多领导的智慧与心血，在项目建筑设计、施工建设单位选择上，注重国企间密切沟通、优势互助、互利互惠、合作共赢。国际会都项目建设合作单位既有北京建筑设计院、中国建筑设计院、清华建筑设计院、北京市政总院、上海华都等大型国有建筑设计单位，又有中建八局、北京建工、北京城建等大型建设单位。有着专业丰富经验和高度政治责任感的国有企业强强联合，为工程建设打下了坚实的基础。

据统计，参与雁栖岛项目建设单位超过100家，雁栖岛项目设计院有12家，顾问单位14家；日出东方酒店项目设计院有3家，专业顾问公司8家，70%以上都是大型国有企业。在项目建设和运行保障期间，北控集团与各参建总包、分包单位精诚合作、协调联动，会都公司充分调动各方优势资源力量，克服阻力、强化落实，采取了一系列行而有效的方案措施，推动项目进展。各总包、分包单位勇于担当、主动作为，切实肩负起了北京雁栖湖国际会都项目建设及运行保障等社会责任，为APEC会议的顺利召开提供了坚实有力的支撑。高标准、高质量地完成项目建设和保障运行，彰显了在急、难、险、重任务面前国有企业的作用，也成为国企之间密切合作的典范。未来，北控集团、北控置业将在更多领域与这些优势国企展开合作，推动首都经济发展。

六、发挥文化引领作用，注重传统文化传承

（一）建筑设计注重中国传统文化的传承

时隔13年，APEC会议再次来到中国。在雁栖岛上，一片崭新的中式风格的建筑群迎接着APEC嘉宾，标志性建筑、APEC主会场——国际会议中心宛如一

只鸿雁展翅飞翔，其恢宏的气势彰显着"开放与融合，对话与沟通"的理念。

在设计定位上，依据北京雁栖湖生态发展示范区"首都的国际形象，世界的生态地标"的整体规划战略，将项目设计理念定位为"生态环保与功能保障相结合""高贵大气与简约适用相结合"以及"满足峰会与日常活动相结合"。同时，在设计过程中体现中国文化内涵、突出生态特点、拓展国际视野、打造时代经典，将中国传统与现代科技进行完美衔接。

北京雁栖湖国际会都建筑群融合了唐、宋、元、明、清等朝代的中国古典建筑元素，采用了中西融合的建筑手法。雁栖湖国际会议中心，坐落于雁栖岛中轴线上，其平面以"九宫格"及故宫五凤楼为布局，会议中心整体设计定位为"鸿雁展翅，汉唐飞扬"，外观气魄宏伟、严整开阔，像一只展翅欲飞的鸿雁，从雁栖岛展翅而飞。雁栖酒店为码头院落式酒店，以"三合院"的形态朝向湖面展开，如同一个"京"字。贵宾别墅采用"新中式"建筑风格，每栋都因地制宜、和而不同，实现了环境与建筑的浑然天成，是中国传统文化、自然和谐文脉和山水园林意境的完美诠释。北京雁栖湖国际会展中心与北京雁栖湖国际会议中心传递了中国五千年文明一脉相承的风范，表达了"汉唐飞升中华，中华在天地间飞扬"的美好寓意。各建筑单体各具风韵、相得益彰，加上周围华夏风格的园林设计让建筑群"中国元素"十足。

（二）增进融合、凝聚共识，发挥企业文化引领

作为市属大型国有企业，北控集团的"包容性"企业文化也在雁栖湖慢慢发酵，北京雁栖湖国际会都项目历时三年，建设面积约27万平方米，内外部协调单位总人数超过1万人，设计难度之高、施工面积之大和建设工期之短创造了同类项目建设的奇迹。

在项目建设面临的重重难关前，企业文化宣传迎难而上，在项目建设的发力时刻喷薄出巨大能量。靠着"拼命"的精神勇往直前，靠着誓保政治任务的坚毅决心，集团各级领导积极奔走协调，员工天天在项目一线汗流浃背、高速运转。项目竣工后，公司立刻组建非电力设施保障团队，制定保驾

方案，开展全岛大负荷试验，投身非电力设施综合演练，为北京 APEC 会议顺利召开创造了良好条件。

与此同时，"包容性"也给予项目建设者更多的关怀和便利。一是在团队融合上广纳精英，给不同背景文化的专家以自由的发挥空间，共享企业文化，使他们感受到"北控大家庭"的温暖。二是充分调动乙方单位积极性，开展深入乙方走访调研，调查了解工程建设现状，调查了解项目攻坚阶段建设需求，为乙方协调解决了大量的问题和困难。三是在冲刺阶段为保障人员提供一切便利，增强团队凝聚力。自10月3日起，42名一线保障人员上岛办公，通过减少进出岛安检、节约往返乘车时间，提高办事效率；公司提供就近食宿，保障团队开启24小时随时待命模式；团队总指挥于力召开保障工作动员大会，以"我们是一个战壕的战友"为主题的动员讲话极大地增强了保障团队的士气和信心，最终圆满地完成保障任务。

（三）战略目标及可持续发展

（1）借助 APEC 会议的影响，加快北京国际交往中心建设，分担市中心的国际政经会议、学术会议和重要外交会议，为"北京服务"助力。截至2014年年底，雁栖湖国际会议中心及雁栖酒店共获得会议预定百余场。

（2）进一步建设和完善区域配套服务设施，发挥绿色节能与生态环保的示范效应，形成以国际会议、会展产业为龙头，居住、商业、教育、文化配套设施完善的服务国家对外交往的功能新区。

（3）依托北京雁栖湖生态发展示范区的发展，国内外多方面的政治、经济、文化交流将得到极大促进，通过营造高端的人文文化和国际一流的服务水平，所在区域的核心竞争力和软实力也会得到全面提升，从而促进区域的可持续发展。

步步精优，处处到位，服务国宾，为国争光
——北控"一带一路"保障工作侧记

2017年5月14日—15日，"一带一路"国际合作高峰论坛（以下简称高峰论坛）在北京顺利召开，这是"一带一路"框架下最高规格论坛活动，对推动国际和地区合作具有重要意义。北控雁栖湖国际会都（以下简称雁栖湖国际会都）作为此次高峰论坛的主会场，让世界目光再次聚焦中国、聚焦北京、聚焦雁栖湖国际会都。历经三年的重大国际会议检验、四个月提升改造、四次大型综合演练、会前一个月服务保障冲刺，在各级领导的关心和指导下，在兄弟单位的大力协助下，在各外协单位的专业支持和帮助下，北控系统所有保障人员坚定而又踏实地走过了每一步，圆满地完成了"一带一路"国际合作高峰论坛服务保障工作。此次活动中，北控人凝聚专业精神、充分将"北京服务"的理念、文化、标准、规范应用到工作当中。

一、高度重视，建立指挥保障体系

雁栖湖国际会都作为高峰论坛北京市服务保障工作领导小组成员单位，高度重视高峰论坛的筹备及保障工作，借鉴筹备APEC会议的成功经验，自上而下分级成立保障工作领导小组，通过工作日报和周报制度，实现各级工作小组之间及时、高效沟通；通过不定期听取汇报、实地检查、现场协调办公等方式，全方位了解工作进展、及时指导、提升并支持各项筹备保障工作。

（一）搭建专业组织机构，全力做好服务保障

雁栖湖国际会都作为具体实施主体，全力推进北控雁栖岛园林景观维护、设备设施保障、会议餐饮服务保障工作，抽调骨干成立工程及环境保障、预算审计、设备设施及会议餐饮服务保障、综合管理、廉政监督五个保障工作小组，高效对接专项工作、梳理编制任务清单、明确场地功能分区、落实相关物资设备。

（二）建立完善高效沟通机制，确保执行高效

在简洁、专业的指挥体系下，为确保系统内所有保障人员形成顺畅的沟通模式，高峰论坛保障工作领导小组建立了例会制度、督办机制和通信体系，保障高峰论坛筹备工作沟通顺畅、执行高效。定期召开工作例会，不定期组织多次专项会议，及时高效处理筹备期间出现的各类问题；对例会部署事项实行专项督办，确保具体工作事项落实到位；建立包含保障人员姓名、联系电话、工作职责及具体保障位置等完整信息的花名册，同时配备高新技术通信设备，确保信息通信无障碍。

电力组保驾护航

24小时运行保障

（三）编制工作任务清单，确保任务按期完成

筹备工作自 2016 年 12 月启动，5 个月时间需要完成岛内园林景观改造提升、专用物品与服装的设计和定制、物资采购、人员培训、媒体推广等工作，时间异常紧迫。各专业小组结合工作职责，就各专项工作及早与外交部、北京市相关管理部门进行对接，了解会议需求、梳理工作内容，制定工作方案并细化分解为任务清单，明确工作事项、完成标准、完成时限、责任领导及执行人，并进行动态销项管理，确保筹备工作严格按计划推进、按期完成。

二、坚守品质，打造生态会议环境

公司在节约办会的前提下坚守高端品质，充分利用现有地势及自然条件，因地制宜设计、施工，营造出春花大道、黄山叠瀑、海晏溪畔一系列和谐统一的园林景观效果，同时贯彻落实绿色环保会议的要求，全力保障项目环保、低碳、节能，成为生态建筑的典范。

（一）延续原有设计风格，凸显中国元素

主行车景观路线结合丝绸之路起始段的汉唐风格元素，用 10 个汉代夔龙纹主题设置水景、铺设 5000 平方米精品草坪、栽植近 300 株开花乔木、结合 11 万株地被花卉景观，营造本土春之意蕴，打造层次分明、错落有致的雁栖湖景色；夏园瀑布以黄山景观为设计蓝图，以松、石、水、雾为设计要素，呈现出拥抱世界的东方文化礼仪，水雾景观的搭配使得碧水、蓝天、瀑布、白云的交相辉映；海晏厅建筑外廊木平台进行了拓宽，加入镜面水景、造型油松、置石小品等中国风景观元素，衬托出幽静、雅致的场所风格。

（二）强调环保节能理念，打造生态建筑

作为北京雁栖湖生态发展示范区的重要组成部分，雁栖湖国际会都始终

强调环保节能理念，所有设施采用环保再循环材料，在景观改造提升过程中，大量运用绿色建筑技术，从再生、环保、低碳、节能等方面不断创新。岛内部分水景被设计成为大型无边际叠水效果，景观水取自湖体又重新回流至湖体，形成一个循环，不仅营造了很好的景观效果，同时有效避免景观水体水质变坏，大大减少了水景的补水量。

（三）创新花木栽植方案，确保景观效果

针对五月中旬北京地区开花植物较少的情况，项目团队集思广益，反复研究、论证，采取一系列创新性举措，保障会期园林花卉景观效果。项目团队特聘请北京林业大学、北京植物园的专家及北京地区多家专业咨询公司进行植物论证评选，确定适宜的会期开花树种；部分开花苗木提前移至低温带假植，根据生长特性和温度要求再适时移植上岛；地被花卉全部采用温控花期，使北京以往只有绿色的五月变得色彩丰富，为整个雁栖岛营造出美轮美奂的景观效果。

三、优中选精，确保人员物资及时到位

会议物品的设计、定制、采购，以及服务人员的需求确认、调配、培训，是峰会筹备期的重点工作，峰会保障工作领导小组通过对物品设计方案的反复筛选，通过对服务人员的合理调配，确保了人员物资及时到位，满足峰会服务需求。

（一）反复筛选设计方案，力求体现传统文化特色

高峰论坛在沿用 APEC 会议用品的基础上，还需增加制作桌卡、呼叫器、钢笔等物品，运营团队对近 40 个初期方案进行反复筛选，确定 21 个报审方案，先后完成 9 版设计方案汇报。餐饮用品在近 50 个初期方案中，筛选出 33 个报审方案，先后完成 10 版设计方案汇报。最终，选定了"汉唐之光"茶咖具、卷轴桌垫、青瓷桌卡、"锦绣中华"餐具等一系列具有鲜明中华传

统文化特色的会议餐饮用品，体现出汉唐文明的深邃、辉煌和包容。

（二）多方调配服务保障人员，确保用人需求

公司运营团队原有的 300 余名服务保障人员，远远无法满足会议期间 1200 余人的用人需求。峰会保障工作领导小组根据高峰论坛餐饮服务及设备设施保障需求，专门制定《高峰论坛支援人员到位及培训方案》，明确需要支援的人员数量及工作点位，通过从公司范围内酒店调配管理人员、从酒店管理类院校接洽专业人才、从全国凯宾斯基管理团队协调支援人员等多种途径组织调配人员，既解决用人缺口，也避免用人成本大幅上扬。

（三）强化针对性培训演练，保障服务水平

为满足峰会高标准的服务需求，运营团队加强针对性培训，对在职员工进行急救、化妆、服务礼仪、文化差异、服务技能大赛等 7 大类培训，不断提升服务水平。为外部支援员工制定专业培训计划，熟悉工作环境、服务流程、工作流线，满足服务需求。如餐饮服务的礼仪培训，站立时两脚之间的距离，手举托盘时的高度等，都有严格的标准，要求每位员工铭记于心。要求单手托起 3 斤的矿泉水，平举 5 分钟并在行走情况下维持平衡。培训还包括突发事件的处理，两人一组，分饰客人与服务人员，实操模拟突发事件解决场景。

（四）明确个性化服务需求，实施精细服务

出席此次高峰论坛的有 30 位国家领导人、多位国际组织负责人和来自 130 多个国家的约 1500 名嘉宾，运营团队通过预先沟通，根据各国语言文化、风俗习惯确定个性化服务需求，实施精细服务。"一带一路"沿线国家中有很多信奉伊斯兰教，为尊重参会国家嘉宾宗教信仰，特别设置祈祷室，在市宗教局指导下，对祈祷室内部布置进行反复调整，达到伊斯兰礼拜要求，并准备了礼拜垫、礼拜袍、《古兰经》等专用物品，精细服务得到市宗教局的赞誉。

探讨服务方案

精细服务峰会现场

四、关注细节，追求卓越服务品质

能够参与到"一带一路"国际合作高峰论坛服务保障工作当中，是所有服务保障人员的光荣使命和责任，每个人都把"最快速度、最高标准、最硬作风、最佳效果"的接待工作要求内化到自己的行动之中，用极致完美的服务来展现"雁栖湖国际会都"的卓越品牌。

（一）追求完美，重视会议场地布置

领导人圆桌峰会的主会场设在雁栖湖国际会议中心的集贤厅内，此外，还设有 21 个分会场、6 个午餐用餐区、30 余处各类办公点。根据中筹委、外交部的要求，运营团队多次与组委会和钓鱼台会展公司进行沟通、商讨、调整，对各个场地尝试多种台型布置，480 多个桌椅反复搬运，1500 多个椅套反复熨烫，最终在会议前确认所有摆台设计，满足会议场地需求。

（二）反应迅速，满足餐饮服务需求

雁栖岛内 349 人的服务团队，要为圆桌峰会国家首脑、部长、媒体记者及工作人员约 2000 人提供会议及餐饮服务，负责国家领导人鸡尾酒会和工作午餐、中外方部长自助餐、媒体记者自助餐及各方工作人员餐盒服务，服务区域涵盖国际会议中心内会议室、各类功能间、办公间共计 119 处，以及全

天茶歇服务点位 22 处，服务工作压力可想而知。特别是会议当天，第一阶段圆桌峰会比原定时间推迟 1 小时结束，运营团队根据预案迅速反应、合理调配、灵活处理，确保工作午餐及时开始，得到相关部门领导好评。

（三）严格把关，确保食品供应安全

根据以往大规模国际活动的经验，餐饮服务团队提前与政府相关部门进行沟通，根据各国宾客的宗教信仰和食品禁忌，对菜品进行严格选择并制订个性化菜单；同时与食药监局进行积极互动，层层把关食品来源，对食品供应商的资质进行确认后才进行采购，确保食品安全。经过前期各类物资的精心筹备，当天为国内外参会代表、媒体记者、工作人员等超过 3200 人提供了餐饮服务，包括参会各国政要的正餐、保障团队和媒体的自助餐，以及各类甜点、小吃、果盘和咖啡等组成的茶歇。

（四）全力以赴，保洁服务锦上添花

客房部 120 名员工，负责 67 公顷雁栖岛的保洁工作，7.8 万平方米墙体、6.4 万平方米玻璃、110 个卫生间、30 个水池……服务人员必须 24 小时轮流倒班进行清理。餐前酒设在海晏厅外围，飞虫很难控制，客房部每天 7 人，24 小时不停进行杀虫工作；户外地毯为避免柳絮飘落，每次演练及会议当天都是深夜铺装、凌晨吸尘，所有员工要连续工作 32~36 个小时；为了确保鲜花的新鲜度，摆花都是提前一天进场，员工深夜摆放布置，这一切，只为将雁栖岛最完美的状态呈现给全世界。

五、精益求精，确保设施安保工作万无一失

近 400 名专业工程人员经常通宵达旦，奋战在电力运行、排水维修、空调运行、供排水保障、燃气保障、通信保障等关键岗位，对岛内各景观的喷水池、景观照明开展了 70 多项作业检修，每天对会场内 94 部电梯进行维护，定期消防拉练，多次全面安检，确保设备设施的万无一失。

（一）加强专业协作，电力保障筑牢基础

电力保障作为各类保障的基础，备受各级领导重视。在怀柔供电公司的鼎力协助下，电力保障团队共编制保障工作方案6套，涵盖隐患排查、状态监测、保护实传、大负荷测试、运行保障等工作事项；编制应急预案5套，全面囊括雁栖岛内各个配电室和箱式变电站的情况，做到了预案编制无死角、全覆盖；编制了保障团队工作计划及6套工作标准，确保了各项工作有效开展。同时，电力保障团队克服了会议筹备期间酒店运营限制等诸多不利因素，按计划开展了设备试验和保护校验、大负荷测试、设备实传、设备状态监测等工作，摸清系统的整体可靠程度和设备的带负荷能力，为会议保障工作打下坚实基础。

（二）多方通力配合，设备设施正常运转

非电力设备设施保障组在凯宾斯基工程团队的大力支持下，通过联系各原施工单位和供货厂家对设备进行检查、维修、保养，将设备隐患消灭在排查检验过程中。会议筹备期间，项目部与各单位共同合作，完成锅炉设备检查与保养、会议设备线路检测、空调系统的检测与运行调试、供水设备检测、电控箱及线路检查与保养、UPS设备检测、压力容器检验等工作，确保全岛设备设施正常运转。

（三）提高风险预判，做好保障应急演练

为确保会议期间电力、能源及设备设施万无一失，各保障团队细化工作流程，加强实战演练，与市外办、市旅游委等单位建立起全方位、多渠道、全时段工作机制，开展多次"纵向到底、横向到边"的专项演练和综合演练，历经中央领导指导参与的4次大型演练，内部数十次专项及综合演练，近5000人次参与实战演习，提升了保障人员应急反应速度和处置能力。会议当天，俄罗斯代表团总统套间温度过高需要调节，工程部保障小组即刻到位，十分钟内解决了问题；海晏厅温度过低，工程部利用空气互换方式，在指定时间内使会场温度达到要求。

（四）肩负安全使命，确保峰会顺利进行

安保工作是峰会筹备保障的重中之重，安保组肩负着重大使命。在岛内工程改造期间，安保组明确施工现场安全管理重点，每天进行现场检查。随着工程进展，安保组与多方积极配合及筹措，组织参建单位举行了多次消防演练、处置突发事件、防恐防爆等现场演练演习及安全知识宣讲，使施工人员的安全意识和能力大幅提升。警卫局介入保障工作后，安保组积极协助审核进场人员、物料、车辆、施工机械，整个施工期间共计签署各类审批单800余份，经手审批车辆、施工机械进场1000余车次、人员20000余人次，未出现任何纰漏。会前1个月，每两天组织一次消防拉练，场馆内任何地方响起消防警铃，消防人员就要穿好防火衣，带上30多斤的装备，从楼梯进入，一分钟赶到现场进行处置；顺利进行6次全面搜爆安检，在一个月内开展两次1000多人的安全保障培训；有限时间内完成4次共计3500人的政审工作，保障峰会的安全顺利进行。

六、同心协力，全力为峰会保驾护航

峰会筹备保障期间，除直接参与工程改造提升、设备设施保障、会议服务保障外，领导小组还承担了预算审计、宣传推广、外联接待、廉政督察等任务，为服务保障工作保驾护航。

（一）提前确认需求，媒体接待工作顺利完成

高峰论坛期间，在雁栖岛设立临时新闻中心供中外记者全程使用，并提供信息、网络、茶歇等大型国际会议标准媒体服务。综合工作组积极与相关部门对接沟通媒体需求，制定《9号别墅临时新闻中心专项服务保障方案》，并向北京市相关领导及外宣办进行专项汇报；配合搭建临时新闻中心，设立2个采访间及110个媒体工作人员工位；配合联通公司，在一层和地下一层安装WIFI；配合中央电视台，组织完成在雁栖岛夏园增设6条光缆的施工；经过多方协调，抽调46名工作人员，为9号别墅提供餐饮、工程、安保和保

洁等服务。会议当天，临时新闻中心从早6时至晚8时全天开放，共计接待境内外媒体记者934人次，综合咨询台受理媒体咨询50余次，圆满完成媒体中心服务保障任务，受到中外媒体记者的赞誉。

（二）落实会议要求，会务接待工作精准到位

"一带一路"国际合作高峰论坛是中国首倡的、层级最高、规模最大的主场外交活动，受到国家及省市各级领导和部门的高度关注。综合工作组承担了峰会筹备期间的接待任务，接待了包括外交部、公安部，以及北京市各委办局领导50余次现场踏勘和督察。此外，综合工作组还负责会议组织、会议纪要起草和印发、会议决策事项督办、会议资料归集等工作，整个峰会筹备期间，组织工作例会15次、印发会议纪要15期，进行专项督办14次、跟进督办事项171项，报送集团专报36期、周报13期，报送雁栖湖指挥部日报5期，推动筹备工作具体事项有效落实。

（三）编制预算方案，预算审计工作有序推进

预算审计组负责峰会筹备期间的方案预算、资金落实与调配、资金审核与拨付监督等工作。工作组完成峰会预算汇总后进行资金需求月度分解，监督预算执行情况；根据峰会预算资金使用计划，提前筹措、合理调配，为峰会筹备顺利推进提供资金保障；根据过往政府资金审计要求及审计关注的项目重要节点梳理审计事项，编制资料清单；积极参与招投标、合同签署、资金审批支付等关键环节，确保项目实施更加规范。

（四）签订廉政责任书，廉政督察工作贯彻始终

廉政工作组按照职责权限，明确了领导小组的责任分工，并分别签订《党风廉政责任书》；与日常工作结合，与审计工作同步开展，确保各项工作符合"三重一大"规定；督促各工作组结合各自职责对关键风险点的管理流程进行梳理，确保风险点明确，对应风险点有管控措施；同时，在例会、专项工作会或检查工作中做到常提醒、常督促，确保各项工作符合廉洁规定，不出廉洁问题。

七、众志成城，圆满完成峰会服务保障任务

2017年5月15日，"一带一路"国际合作高峰论坛领导人圆桌峰会在雁栖湖国际会议中心如期举行，北控雁栖岛国际会都，继成功举办APEC会议之后，再次因为高峰论坛聚焦了世界的目光。会议当天，由雁栖湖指挥部副总指挥王东挂帅，北控系统共计1352名指挥管理及服务保障人员参与现场服务保障工作。按照保障指挥体系，指挥部下设设备设施保障、新闻中心服务保障和会议餐饮服务保障3个工作组，并细分为安全保障、后勤通信、电力保障、非电力保障、会议服务、餐饮服务、厨房服务和卫生保障等8个工作小组。凌晨4点，所有服务保障人员全部就位，以从容坚毅的态度、得心应手的操作、流畅自信的外语、热情洋溢的微笑服务于当天各国领导、嘉宾及中外媒体人员，圆满完成了高峰论坛各项服务保障任务。

时任北京市市委书记郭金龙书记向大家转达了习近平总书记的问候："大家做得很好"，对雁栖湖指挥部全体同志表示衷心的感谢和崇高的敬意，感谢各成员单位齐心协力、攻坚克难，为会议的成功提供坚实保障。蔡奇市长对北控集团的工作予以肯定，表示雁栖湖作为"国际会都"名副其实，此次峰会比APEC会议又上了一个大台阶，保障团队精干、服务细致周到、整体环境优美，让全世界再一次体验了雁栖湖的魅力，使雁栖湖成为中国的一张闪亮名片。北京市外办副主任高志勇称赞北控雁栖湖团队，堪称国际活动服务保障的"国家队"！

在北控系统1000余名员工、200多个日日夜夜的共同努力下，2017年5月15日，"一带一路"国际合作高峰论坛筹备与保障工作成果在世人面前完美呈现。雁栖湖国际会都将认真总结以往经验，抓住"一带一路"带来的发展契机，乘势而上、顺势而为，结合北控集团的发展战略和业务定位，进一步挖掘会展板块的优势资源，提升"北控"品牌影响力，努力做好"北京服务"的闪亮名片，推动"一带一路"建设行稳致远，形成优势互补、互联互通、合作共赢的繁荣局面。

二十八载锻造"北京服务"品牌
彰显国内会展行业最强实力担当
——北辰会展助力北京国际交往中心建设

2017年9月的厦门,海风清新,凤凰花开,白鹭翱翔。这座素有"东方夏威夷"之称的海岛城市,随着9月3日金砖国家领导人厦门会晤(以下简称厦门金砖会晤)的举行,再次走进世界的视野。厦门会晤上,与会国家围绕完善全球治理、促进世界经济增长等影响世界的议题展开对话和

"新兴市场国家和发展中国家对话会"主会场

讨论，金砖合作也由此开启第二个"金色十年"。

会晤期间，再次走进世界视野的，还有让人惊叹的"中国服务"风采——一支来自北京国企的队伍，北辰集团旗下北辰会展集团派出的管理团队。这支指导着两座场馆、千余名服务保障人员，以高水平、高标准、高品质圆满完成了多次高规格会议接待和多种服务保障任务的优秀团队，又一次在世界面前彰显了北京国企形象、中国大国风范。这也是北辰会展继完美完成APEC、G20、"一带一路"等国际和国家领导人会议接待后，又一次让"北京服务"金字品牌完美绽放！

一、千锤百炼，炼就"北京服务"内外功

从长城脚下到鹭江之畔，人们不禁诧异：为何如此重要的国事活动，会由一支来自北京的团队担负"中枢神经"的重要任务？如果你对北辰会展和它所代表的"北京服务"有所了解，就不难找出答案了。

20世纪90年代，为举办第11届亚洲运动会，一个集会展、酒店、写字楼、高档公寓和购物、娱乐、餐饮设施于一体的现代化建筑群——亚运村在北京拔地而起。也正是从那时起，以国家会议中心和北京国际会议中心为龙头的北辰会展一鸣惊人，迅速跻身世界会展舞台，成为中国对外交流的一扇窗口。

缘起亚运会，传承奥运会。二十余年来，北辰会展凭借专业运营能力，圆满完成了第四次世界妇女大会、万国邮联大会、历届京交会、世界高铁大会等近万场国际国内重大会议及活动的接待任务，赢得了各界的高度评价。据不完全统计，在北京市召开的国际性、有影响的超大型国际会议中，有三分之二以上落户北辰会展。

值得一提的是，从2014年APEC会议周上的精彩亮相，到2015年中阿博览会上的不负众望，再到2016年G20杭州峰会上的增光添彩，以及2017年上半年"一带一路"国际合作高峰论坛上的完美绽放……北辰会展圆满完

成一系列规模大、规格高、有影响力的国事和国际会议接待保障任务,不仅是"北京服务"金字品牌的最好诠释,更成为北辰会展专业实力的体现。

北辰会展人对重大会议服务接待工作的深刻理解,以及对场馆使用的不断摸索堪称行业翘楚。以厦门金砖会晤的服务保障为例,自 3 月 24 日签约委托服务协议,不到 3 个工作日,北辰会展的首批工作团队就已抵达厦门开始工作。紧接着,在之后的 300 个小时里,北辰人顶着 40 多度的高温穿梭在场馆改造现场的各个角落,在最短时间内提出了涉及工程 9 大专业的 156 项顾问建议,其中包括增加移动发电机、制冷主机、场馆对讲机全覆盖等 28 项影响会议召开的核心建议。服务保障方面,共提出涉及场地、流线、服务、物资、人员、培训等问题及建议 160 项。

同样的场景北辰人很熟悉:2016 年,在 G20 杭州峰会召开前,北辰团队也针对场馆改造提出了多达百余项的整改方案。

厦门金砖会晤筹备工作进行得如火如荼之时,远在 2000 公里外的北京,由北辰会展承担的另一场重要国事活动——"一带一路"国际合作高峰论坛同样正紧锣密鼓地筹备着。虽然两场活动都是"重量级",且距离遥远,但北辰会展同时运作、统筹安排,各有侧重,最终圆满完成两场国事活动的服务保障工作——这就是北辰会展的丰厚底蕴和团队能力的最真实写照。

这些成绩的取得也得益于北辰会展拥有一支经验丰富的"精兵强将"。时任北辰会展集团董事长刘焕波介绍,此次驰援厦门的 100 多名团队成员来自集团下属 13 家企业,成员中既有高管,又有中外厨师和身经百战的会场、宴会服务人员和工程保驾人员,而且基本都经历过 APEC、世锦赛等重要活动的洗礼。更重要的是,这支队伍的党团员比例高达 93.3%,高度的责任感和使命感使他们成为厦门金砖会晤服务保障的"脊梁"。

二、对标北京服务,"北辰标准"不负重托

在北辰会展团队的统计表中,此次厦门金砖会晤共接待元首级服务 48

场次、贵宾级服务81场次、会议服务30场次、餐饮服务（含茶歇）25场次；带领286名场内保障人员全场排查6次，共计531名保障人员保障值守72个重要机房与129个重点保障点位，检查保障人员工作1066人次……

自9月2日新闻中心正式启用，北辰会展全体服务团队进入"战斗"状态，直到大会正式落幕，现场坐镇指挥的北辰集团董事长贺江川才终于松了一口气——这样的场景，几乎在北辰会展接待的每场重要国事活动中都重复出现。

合抱之木，生于毫末。北辰会展的辉煌成就源于扎实的内外功。自2017年4月起，北辰会展团队共检查发现各类问题4693项，其中通过联合检查发现各类问题1116项，通过每日检查问题汇总、分类，发现服务类问题1042项，工程类问题2407项。经过他们的悉心指导，逐一消项，截至8月31日全部整改完毕。

根据不同服务场景，将接待方案细化到人、到岗，保证无缝衔接；每一个环节，提前做好两个"脚本"……北辰会展，就是这样用工匠的精神精雕细琢，炼成"北京服务"内外功。

据介绍，此次参与接待的802名服务人员里，既有场馆自有人员，也有当地支援人员，更有450名来自11个学校的校招学生。他们经验不一、服务水平参差不齐，但无论来自哪里，在现场时每一个人都是"中国服务"的代言人。如何短时间内提升他们的服务技能和心理素质，为每一个人统一服务标准，保证整个接待服务"滴水不漏"是迫在眉睫的大问题，作为会晤服务执行指挥的吕毅红坦言，压力确实很大。

进驻厦门后，北辰会展团队在服务指导过程中不断优化、细化接待服务方案，按照G20杭州峰会与"一带一路"高峰论坛的服务标准，进行礼仪形体、基础摆台、餐饮和会议服务共计4大类42项360个点的技能培训，从一个站姿到一个微笑，从传菜流水线再到人员点位，开展了各类专项培训和实景演练，将每一项服务都对标"北辰标准"。

"北辰标准"还需灵活应变。厦门金砖会晤中担任会议培训和服务负责人的于明霞举例说，工商论坛中的转场环节是一次考验，如何使服务人员在各国领导人的注视以及各国媒体的聚光灯下，既整齐划一地快速完成上下台，又能承担沙发的重量而不失风度，不仅需要力量更需要智慧。不过，这难不倒北辰指导组，他们通过反复的模拟演练，不断细化点位，保证每名员工抬沙发时脚步、转身等动作一致，过程流畅。演练过程中，仅仅是一个搬沙发的动作，就让不少男员工的手都练得红肿。功夫不负有心人，在临场操作时，男员工展现出刚毅洒脱，女员工展示出温柔大方，在工商论坛环节的服务中顺利完成14次快速翻台转场，展现出了"北京服务"的速度。

台上一分钟，台下十年功。这只是"北京服务"在厦门金砖会晤中的一个剪影。结合G20杭州峰会、"一带一路"高峰论坛的服务保障工作，北辰会展团队以厦门会晤保障要求为核心，编制会晤保障方案，坚持每月更新1版，经11次修订共计5版，不断充实内容、更新数据、完善细节、加强体系，最终形成总方案超千页，近40万字。其中，大到场馆设备设施的运行，小到工作人员服务站立时脚尖的弧度，都进行了精心设计。"细之又细，严之又严，实之又实"是北辰会展的总要求，也是北辰人的工作态度。

在厦门金砖会晤会场，身着红色T恤衫的北辰会展团队，如同上紧了发条般一直紧张忙碌着。会晤演练阶段，在1000多平方米的大宴会厅里，正指挥上百名服务人员演练的赵志东、韩雪等人，嗓子都已微带嘶哑；为了站姿和礼仪，女同志们穿着高跟鞋一整天一整天地陪着服务人员培训，几天下来，脚打

晚宴演练现场

了泡、每走一步都是钻心地疼；等不知不觉忙完一阵儿，大伙儿突然发现，裤子变肥了，自己的腰不知不觉瘦了下来……但无论多累，他们身上的红色 T 恤衫，如同一面面旗帜，始终闪耀在海滨会场。

"无论走在场馆的任何位置，只要看到穿着红色 T 恤衫的人就知道是北辰会展员工，我们立刻觉得很踏实很放心。"建发集团有关负责人这样评价和他们朝夕相处了几个月的同事。在近半年的时间里，北辰会展团队以"北京服务"的责任与担当，令合作各方心折。2016 年的 G20 杭州峰会上也是如此。"请北辰请对了"，杭州地区领导在 G20 峰会结束后的总结会上，不禁发出这样的感慨。

三、以"工匠精神"精雕细琢，做万全准备以沉着应变

北辰会展团队成员大多曾参与 G20 杭州峰会、北京"一带一路"高峰论坛的服务保障工作。

伴随着动人的《鼓浪屿之歌》，临海的厦门国际会展中心宴会厅再一次迎来用餐演练。数十名服务人员分别从传菜口走进大厅，原本一队的服务人员，仿佛踏着有序的韵律变成了三队、九队，大家临场不乱，大方得体，如同一条会变魔法的溪流，优美地铺展出各个分支，最后融入大海。

这样的专业技能不是一日练成的。负责宴会现场服务和培训工作的韩雪介绍，跟以往接待的领导人国宴不同，此次宴会除主桌外，还有 14 桌副桌，要求各桌的服务人员动作和进度一致。而且，为了保证菜品的温度，需要用最快的速度摆上菜品，从第一名传菜员进门，到最后一名传菜员出门，只有 3 分钟左右的时间。

上菜的时候，42 名传菜员同时出场，呈扇形分别走向各个副桌，考验的是大家的配合度和默契度。为了训练大家的配合度，韩雪下功夫培训大家走路的匀速度。由于现场装修布置，给北辰会展团队的训练场地是在另一个小

厅，北辰会展团队只能模仿场景，用数字编出桌号，分组培训出场顺序和动作统一。有丰富的经验作基础，北辰会展团队仅用了 10 天时间，就落实了各项细节标准，后来又完善了设计方案和细节，保证服务人员齐而不乱。

从容来自于无数次演练。在北辰会展团队 8 月份的计划表上，满满当当罗列着各类专项及全流程、全实景、全要素演练安排。细化到每天，具体的演练内容也都不一样。

"实景演练才能发现问题，就像摆台，平时能摆得很好，但如果突然抢台，就可能出现个别员工把杯垫放反的情况。"正在现场指挥演练的厦门金砖会晤现场执行总指挥伊蕾介绍。

四、"北京服务"四海飘香，创新发展助力北京国际交往中心建设

随着"北京服务"一次次出现在国际活动的聚光灯下，北辰会展也逐渐成为向世界展示中国改革开放和现代化建设成就的重要窗口。自北辰集团在 2012 年确立品牌输出战略后，北辰会展的管理版图不断扩大，先后签约珠海、南昌、银川、杭州等会展项目，成为国内委托管理项目数量最多的场馆管理公司，"北京服务"迅速布局全国。

从杭州国际博览中心的输出运营管理团队进行管理，再到厦门国际会议中心的"总策划、总组织、总指挥、总实施"，北辰人在将二十余年来在重大国际活动方面积累的服务保障经验无私传授给合作伙伴的同时，不断创新发展模式，将"北京服务"品牌复制到全国各地，让"北京服务"不仅仅是一个形象，更成为一种力量。

输出管理，"北京服务"誉满海内外；立足北京，首都国企展现新形象。近年来，凭借国家会议中心符合国际会议和展览用途的先进硬件、优越的地理位置和配套服务设施以及"北京服务"理念，北辰会展服务、接待了包括 APEC 会议，"一带一路"国际合作高峰论坛两次重大会议，以及包括京交会、

北京国际电影节、华表奖、国际学生北京夏令营等各类国际国内会议会展活动 2 万余场次，为北京地区会展行业、北京市"国际交往中心城市"的发展提供了有力支撑。

从 APEC 会议到厦门金砖会晤，从北京到厦门，以"归零"心态千锤百炼，精益求精雕琢服务，北辰会展打造的"北京服务"这张服务国际交往的"金名片"越擦越亮，前景可期！

G20峰会打响"北京服务"品牌
——北辰会展G20峰会接待服务侧记

2016年9月5日G20杭州峰会胜利闭幕。峰会期间呈现给世界的中国特色、大国风范，依旧让人记忆犹新。

如果把峰会主会场——杭州国际博览中心，这个恢宏雄伟的建筑体比作一个"巨人"，那掌控着"巨人"神经中枢的则是一支来自北京的国企团队——北辰集团旗下北辰会展集团派出的管理团队。

峰会期间，北辰会展团队指挥"巨人"发挥出了"最快速度、最高标准、最硬作风、最佳效果"的超强水平，也让全球记住了北京国企形象、中国大国风范，又一次在世界面前打响了"北京服务"品牌。

一、实力担当，北辰会展受托接待服务G20

北辰会展，北辰集团重点打造的子品牌，在第六届北京影响力评选活动中获评"最具影响力十大品牌"，素有首都会展第一名片的美誉。

北辰会展起步于20世纪90年代，在北京北部亚奥核心区域拥有集会展、酒店、写字楼、高档公寓和购物、娱乐、餐饮设施为一体，总面积超过120万平方米的专业会展功能区。二十余年间，北辰会展凭借着优质的服务、先进的场馆设施,吸引了万余场会议和千余个展览落户,圆满完成了第十一届亚运会、万国邮联大会、第四次世界妇女大会、2008 北京奥运会、历届京交会、世界高速铁路大会和 2014APEC 会议等众多国际国内重大会展活动的接待任务,赢得了社会各界的高度好评。目前,在北京市召开的国际性、有影响力的超大型国际会议三分之二以上选择落户北辰会展。

"十二五"期间,北辰会展在做好原有会展服务的基础上,也在新业务上不断发力。从涉足会展主办承办业务,到场馆、酒店输出管理业务,尝试全产业链发展。2013 年,北辰会展首次派出管理团队前往珠海国际会展中心,走出了会展场馆输出管理的第一步。经过两年多的发展,北京雁栖湖、宁夏银川、江西南昌……北辰会展迅速布局全国,已经成为中国委托管理项目数量最多的场馆管理公司,专业的场馆管理水平获得各方认可。

G20 峰会主场馆——杭州国际博览中心,是浙江省重点规划建设项目,也是杭州市委、市政府"沿江开发、跨江发展"的代表项目,定位于杭州城市新中心和杭州中央商务区。它地处钱塘江南岸,钱江三桥以东的萧山区钱江世纪城,总占地面积 19.7 公顷,总建筑面积 85 万平方米,涉及会议、展览、酒店、商业和写字楼五大业态。杭州会展业的发展,总体遵循"企业主体,市场运作,政府支持保障"的总体战略。作为杭州会展场馆的新起之秀,杭州国际博览中心被杭州市委、市政府寄予了厚望。为了把杭州国际博览中心打造为杭州城的新名片,场馆业主方杭州奥体博览中心萧山建设投资有限公司向北辰会展抛出了橄榄枝。

2015 年 6 月 15 日,北辰会展与杭州国际博览中心签署受托管理合同,同年 7 月 21 日北辰管理团队进驻杭州;2015 年 11 月 16 日,国家主席习近平在土耳其安塔利亚宣布,中国将于 2016 年 9 月 4 日—5 日在杭州举办二十国集团领导人第十一次峰会。

G20 峰会是 2016 年中国最重要的主场外交,也是近年来我国主办的级别最高、规模最大、影响最深远的国际峰会。习近平主席明确提出了"办出特点,取得最佳成效"的总要求,中央和国家有关部委对此高度重视。能否完成好这项政治任务不仅关乎国家的荣誉，而且是浙江省、杭州市的机遇，更是对北辰会展的一次全面检验和大考。

在北京，北辰代表着首都国企形象；在杭州，北辰代表着"北京服务"形象；而在G20峰会中，北辰更是代表着"中国服务"品质，这是何等的荣光，又是何等的压力！

为了完成好这前所未有的重任，北辰集团党委书记、董事长贺江川要求，要把接待服务G20峰会工作作为全集团年度工作的重中之重和首要政治任务，要举全集团之力完成好这项任务，并提出了"安全运行万无一失，接待服务滴水不漏，力争增光添彩"的总目标。

二、稳扎稳打，最高标准做好接待服务筹备工作

虽然北辰会展先后接待服务过亚运会、奥运会、APEC会议等许多大型国际会议和活动，但是真正走出京城承担大型国际峰会接待服务任务还是第一次。由于杭州不像北京、上海等地，外国元首政要来访已成常态，因此有很多准备工作需从头开始做。

在物资采购的把关上，北辰团队坚持工作流程，该看的、该点的、该验收的，一道程序都不能少。大到车辆、健身器材，小到办公用品、鞋袜、手套；既有最早订购的餐饮用具，也有元首、高官临时订购的个性用品。每一项物资的采购都坚持先到厂家选样、调研，为了体现环保绿色的特点，所有木制品环保标准也定在了高于国家标准的E0级。

在食材采购上，由于G20峰会所需的种类多、数量大，而杭州食品总仓只有200～300种食材，远远不能满足G20峰会1000种的需要。为此，杭州政府抓住G20峰会召开的契机，建设了7450平方米的食品总仓，总储量为900吨，对G20峰会的食材实行统一采购、检测、保管和配送。

三、白手起家，招兵买马搭起运营框架

初到杭州，摆在北辰人面前的便是三座大山：异地作战，人员稀缺，场馆、设备全新。

"刚来时，出现在我们面前的是一片大工地。"回忆起初到杭州的情景，北辰会展旗下杭州国际博览中心执行总经理伊蕾说。

上任伊始，当她和团队成员第一次来到博览中心工地时，望着灰蒙蒙、凌乱的施工现场，大家感到了前所未有的压力。虽然他们有着接待多次国际大会的经验，但是面对陌生的地域环境，以及筹备峰会的巨大压力，不敢有丝毫的怠慢，一切都要从零开始。

北辰会展虽然名声在外，但是甲方也只是耳闻。没有合作过的双方，自然需要有一个磨合过程。如何打开局面，迈好第一步，是对北辰团队实力的一次全方位考验。初来乍到，由于北京和杭州南北地域、观念和习惯上的差异，起初每进行一次活动，甲方都要北辰拿出一份"脚本"详细汇报工作细节，虽然麻烦，但是北辰团队尽力配合，按时完成，让甲方充分认可了北辰的专业知识和敬业精神。

万事开头难。像所有新企业的组建一样，北辰团队把人的因素放在第一位，从"组建机构、招聘人才、建章建制"抓起，为后续工作铺路架桥。北辰团队临时组建了招聘机构，成立了销售部、市场公关部、运营部、房务部、工程部和财务部等9个部门。然而，招聘过程中仍旧遇到了许多意想不到的困难，由于萧山区后期划归杭州，工资标准比杭州老城区普遍要低20%，甲方批给新招聘员工的工资标准不具竞争力，因此陷入了当地员工难招的窘境。

困境难不倒北辰团队。招聘过程中，北辰采取了网络招聘、专场招聘、现场招聘、内部推荐等多种方式，有效避免了应聘员工空档的现象。为了打牢人员招聘基础，高标准地完成G20峰会各项筹备工作，团队又吸收了350名来自杭州当地职业学院对口专业的在校学生，为团队补充了新鲜血液。总

共 1000 多人收入麾下，初步满足了筹备工作对于骨干用人的需要。

人员到位后，北辰团队对 G20 峰会筹备期的各项人员、物资等规章制度进行认真梳理，共组织编写了包括综合办、人力资源部、财务部和采购部等十几个部门共 7 卷制度汇编。此外，贯彻"以人为本"的理念，北辰还根据外地员工多的特点，先后解决了 372 名员工住宿问题，并为员工提供早、中、晚三餐服务，使许多员工解除了后顾之忧，安心投入工作。

四、未雨绸缪，100 多项改进提案提升场馆硬件水平

北辰团队进驻杭州后，在做好接待服务的基础上，还展开一项重要工作——协助甲方落实场馆改造方案。杭州国际博览中心于 2009 年开工建设，2013 年主体建筑完工。当时的设计师没有想到 G20 峰会能落户杭州，因而它的建筑设计是按照当地人的传统观念和商业运作的模式完成的，与接待重大国际性会议的要求有一定差距。

北辰团队在熟悉场馆布局、会议场地及相关设施的同时，根据以往接待国际大会的经验，发现了尚未引起重视的问题。比如说，业主方没有认识到餐饮在现代会展业中的重要性，因而原设计的整个建筑中没有一间厨房。北辰团队将这个问题提出后，做了大量的说服解释工作，为场馆改造增加了 9 个厨房，不仅满足了 G20 峰会接待服务的需要，也让企业未来发展不再留有遗憾。

在大型宴会中，上菜速度、菜品温度等都直接影响到服务质量，甚至可能令服务形象大打折扣。由于博览中心建筑体量大，厨房与宴会厅之间往往要走很长一段路，热菜送上餐桌就可能变成了"凉菜"。北辰团队根据以往接待大型宴会的经验，建议场馆增加了午宴厅备餐间和餐饮保温车，最大限度地保持菜品的温度和鲜度，解决了送餐过程的一道难题。一条条方案累积下来，北辰团队提出的场馆改造方案多达 100 多项。

这些设备和物资的到位，不仅为筹备工作打下了坚实的基础，也是北辰

人践行的"奥运标准、APEC标准"在异地他乡的真实再现。

五、厉兵秣马，对标北京练出"中国服务"

在主会场，峰会保障服务人员达 2000 多名。他们来自全国各地，经验不一。如何在短时间内提升他们的服务技能和心理素质，保证整个接待服务"滴水不漏"？

北辰团队以高标准、严要求对峰会保障人员进行了系统专业的培训。从场馆工程设备操作到服务技能培训，方方面面的细节都考虑到位。在日常培训中，服务人员需要口衔横筷，保持嘴角微笑的最佳弧度；托着杯盘背靠墙壁或头顶书本练习站姿；会议桌椅以及桌上物品摆放完成后，拉线整理对齐……

北辰团队相继组织 8 批骨干员工到北京实践培训，为场馆参与服务保障的 2600 名员工制定了一套标准的"北京服务"教程，将 20 多年的经验倾囊相授。

北辰团队在安全运行保障方面也绝不含糊。为了摸清场馆新设备设施的"脾气"，北辰团队先后排查了一万多次，并建立了"排查销项"制度，对检查出的 10349 项隐患逐一整改到位。从 6 月份开始，每天都按照峰会议程安排大大小小的专项演练。以领导人从二层落客平台上至四层会议厅的超长电梯为例，北辰团队进行了电梯全负荷运行 300 多人的电梯承载演练。经过反复的调试和专人专项跟踪，北辰团队保证了场馆总计 203 台电梯在峰会期间的 24 小时运行无故障。加上一次次配合进行的场馆整体综合预演练，北辰团队带领的保障队伍足足进行了上千次实景演练。

峰会结束后，有要举办峰会的国家外长前来取经，亲见了这些服务标准和细节后忍不住感叹：这才是真正的东方服务！

六、放眼大局，调兵遣将为峰会"护航"

摆在北辰团队面前的问题还有很多：

"全新的场馆和设备没有经历过考验，首次投用就接待峰会，风险非常大。"北辰会展集团副总经理、杭州国际博览中心总经理刘海莹说，这就必须由经验丰富的人员来保驾护航。

当时场馆新老员工交替，还有一些刚从职校毕业的学生，员工能力素养参差不齐，这让北辰管理团队心里没底，因为任何一个服务环节出了问题，都会导致峰会的不完美。

"从北京调集骨干过去！"北辰集团董事长贺江川当即拍板，发挥大团结、大协作的精神，举全集团之力支援 G20 杭州峰会。时任北辰集团常务副总经理、北辰会展集团董事长刘焕波亲自协调，从下属 6 家企业选拔了 100 余名经验丰富的骨干员工，组成北辰有史以来最强阵容赶赴杭州。这些"精兵强将"中既有高管，又有中外厨师和身经百战的会场、宴会服务人员以及工程保驾人员，他们基本都经历过 APEC 会议、世锦赛等重要活动的洗礼。

不仅如此，集团党委书记、董事长贺江川，时任常务副总经理、北辰会展集团董事长刘焕波等领导还多次到杭州检查指导工作，G20 峰会期间更是日夜驻守场馆 8 天，靠前指挥，与一线员工一起奋战在工作一线。

正是这样一支身经百战、经验丰富的北辰支援团队担任着场馆关键岗位的保障工作，G20 峰会才得以完美召开。

七、千锤百炼，亮出"北京服务"金字品牌，东方礼仪彰显大国风范

金秋 9 月，世界聚焦杭州，美丽的钱江之滨一时间万众瞩目。从 9 月 1 日新闻中心启用，9 月 4 日、5 日峰会召开，到 9 月 6 日送走最后一位贵宾，北辰团队成功接待了来自 28 个国家的 36 名国家元首和世界经济组织负责人，提供 VIP 贵宾人员服务百余场次，接待会议代表及媒体人员逾万人，为超 3 万人次提供不同规格的高品质用餐服务。

G20 峰会的领导人宴会上，当身着水墨旗袍的礼仪服务人员行云流水般

呈现"中国服务"时,世界为之惊叹,就连素有"铁汉"之称的俄罗斯总统普京,也主动要求合影。

宝剑锋从磨砺出。宴会礼仪服务人员所代表的峰会礼仪服务团队,在G20峰会上的"完美绽放",离不开北辰团队精益求精地系统培训。

峰会结束后,姑娘们走进后台,国家会议中心会议运营部韩雪对着她们连鞠5躬。那一刻,大家都忍不住哭了。韩雪的眼圈也红了,"她们虽然都有高端宴会餐饮服务经验,但因为代表的是'中国服务'形象,所以训练的时候,我对她们要求特别严,近乎苛刻。我给大家鞠躬,是想向她们道歉,也感谢大家圆满完成任务。"经过韩雪的"魔鬼训练",姑娘们手势、步幅都统一而标准,婉约端庄中尽显"大国范儿"。

"因为大家来自不同的地方,我们首先要统一标准,要求机械化的人性化服务。既要动作统一,手、步伐、腰、目光等都要到位,又不能失却东方礼节。"韩雪说,这些标准是他们在对标国际化服务的基础上,根据20多年的接待服务经验总结提炼的。

36位领导人围坐的主会议厅里,即使只是会间的端茶上咖啡,也有着近乎严苛的流程。负责主会场服务的于明霞"泡"在这里好几个月了,她说,他们上咖啡的时间精确到秒:提前5分钟制作咖啡,每55秒做好一杯,要保证同样温度的咖啡,分秒不差地送到领导人手上。

连放咖啡这一个简单的动作也有学问。会场里,每位领导人面前的麦克风都开着,36杯咖啡落桌时,哪怕有一杯发出声音,都会干扰会议的进行。为了这一个细节,会议服务人员足足练了几个小时。杯子下粘贴了消音杯垫,放杯时,用手微垫杯底。最终,在安静的会场里,36杯咖啡无一发出声音。

台上一分钟,台下十年功。这些都只是北辰集团"北京服务"的一两个剪影。时任杭州国际博览中心总经理刘海莹说,在G20峰会保障服务上,他们几乎是设置了"脚本式"的接待方案,大到场馆设备设施的运行,小到工作人员服务站立时脚尖的弧度,北辰团队都进行了精心设计,务必以最高标准展现中国服务。

也正是这些做到极致的细节，才能彰显一个企业，乃至一个国家的服务功底。

八、匠心雕琢，杭州峰会端出中国味道

在 G20 峰会的餐饮环节，北辰团队负责峰会主会场元首午宴、领导人空中花园餐前鸡尾酒会、高管自助餐、新闻中心媒体日常自助餐等餐饮服务任务。他们精心准备的各式峰会料理，其正宗口感和精致造型让诸多国内外与会嘉宾竖起了大拇指。

"北京烤鸭"作为中国著名菜式，自然完美亮相。为保证其地道口感，北辰团队从北京直接空运来北京填鸭作为原材料，由于杭州气候比较潮湿，师傅们根据南北气候差异反复调整火候、用料和烤制时间，前前后后试验了11次，才让嘉宾们品尝到正宗的北京烤鸭。

面对全世界的媒体记者，如何面面俱到？北辰团队根据全球 70 多个国家和地区的特点，为 5000 多名记者列出了长长的自助餐菜单，种类涵盖各国用餐口味，就连茶歇都设置了 6 种不同搭配的套餐，既包括了定胜糕、广式月饼等中式经典糕点，又有柠檬黄油蛋糕等西式甜点。

"本土味道"当然必不可少。在颇有江南园林风格的餐台间，增加了杭帮菜特色档口，现场制作杭式叫花鸡、葱包烩和西湖藕粉等杭州特色美食，让来自世界各地的记者都能品尝到杭州味道。

开幕当天，自助餐餐台上一批巧夺天工的面人引来不少媒体工作人员拍照报道。"面人"作为一项汉族民间传统工艺，已被列入我国非遗名录。北辰厨师团队在深入研究杭州人文典故的基础上，选择将许仙、白娘子、苏东坡等人物，以及杭州四大元素"竹、扇、伞、荷"等面人搬上了峰会餐台。为了把面人捏得活灵活现，厨师们反复调整糖配比 170 余次，才使这些中国元素"活"了起来。

这些"走心"的餐品得来不易。为丰富 G20 峰会茶歇菜单，北辰集团在

京开展了技能大赛，为峰会上的餐饮集思广益。据北辰支援团队厨师透露，即使是一块小小的面包，他们也考虑到杭州的天气和配料，反复试验了整整三天，才最终端出口感最佳的峰会面包。

九、默默无闻，幕后英雄诠释北辰精神

台前精彩纷呈，幕后默默付出。正因为有无数北辰人在幕后默默奉献，才有了峰会上精彩的呈现。

跟韩雪她们一样，北辰支援团队的胡强、胡道玉、尹媛媛和赵志东等也都是从北京赶来支援峰会的骨干员工，他们都曾参加过 APEC 会议等重要活动的接待。

"峰会当天，我们忙得忘了吃饭，直到晚上 8 点多，才想起来还没吃饭。"北辰支援团队的于明霞负责会议服务的培训和后期接待，在杭州的几个月里，她只回京见了两岁多的孩子一面。谈到返杭时在北京南站失声痛哭的场面，于明霞又红了眼眶。

北辰支援团队的尹媛媛负责前期的信息对接工作。在跟组委会、外交部、安保部等各个部门对接时，信息的准确性直接关系到后期的接待质量。因而，在前期的准备中，他们的工作量庞大而琐碎，甚至细致到记下每一位元首的饮食偏好。

"最后一个月，我们只有上班的点，没有下班点。完全是靠必胜的信念和作为北辰人的责任感在坚持。"北辰支援团队的赵志东说。

完成 G20 峰会的服务保障工作，管理人员也同样经历一次洗礼。仅仅几个月的时间，刘海莹就清瘦了不少。他当时还身兼国家会议中心总经理，"开始是北京、杭州两边跑，后来干脆住在了场馆。"仅峰会倒计时的 100 天里，他就瘦了十多斤。

伊蕾是场馆的执行总经理，大事小事都要过问。筹备期间家人住院，她也只是抽出两三天的时间返京守在医院，之后放心不下工作，又匆匆返回杭州。

刘克是场馆的副总经理，他从北辰团队管理的珠海项目直接转战杭州，实践经验丰富的他，带领团队一起排查解决了一万余个工程方面的问题。而这每一个问题，都可能成为峰会的败笔……

85万平方米的场馆里，北辰团队的每一个人，每天都忙前忙后，每天的微信计步数字至少2万。

当然，这样的幕后英雄还有很多。在前来支援的上百名北辰精兵强将身后，北京"大后方"的众多北辰人，源源不断地为他们提供着最强大的支持。这些北辰人的默默奉献，为"北辰精神"做了最好的诠释。

也正是依靠北辰人的上下一心，团体协作，北辰会展用高品质、高水准全面彰显"北辰标准"、完美展示"北辰速度"、切实实现"北辰保障"，圆满完成G20峰会接待服务保障工作，用实力担当起顶级会展服务商的称号，并赢得了中共中央办公厅、外交部、浙江省、杭州市和萧山区等有关领导的高度认可和一致好评，为北京争光，为国家添彩！

十、专业运营，打造会展行业最强影响力

北辰会展在峰会上亮出的"北京服务"和"北辰标准"，绝不仅仅是在北京和杭州上演。

截至2016年9月，北辰会展受托管理的版图已覆盖全国6个项目。随着北辰会展管理版图不断扩大，"北京服务"也被带到全国各地，影响和推动着全国会展业和经济的发展。

十一、续写辉煌，助力杭州大力发展会展业

9月12日，刚接待完G20峰会的杭州国际博览中心渐渐安静了下来。在江南的蒙蒙细雨中，它像是一幅摊开在钱塘江畔的江南园林画卷。

但它的运营管理方——北辰会展却没有闲下来。早在筹备峰会的同时，

他们对场馆的后期运营提前谋划,"蹚开了一条路"。

当天是北辰团队接下的第一个展会进场的日子——这个名为吉利汽车大会的展会,是杭州国际博览中心第一个承接的会展项目。

机会总是青睐有准备的人。9月7日,峰会结束的第二天,正在指挥撤场工作的刘海莹趁着午饭的间隙,又为场馆签下了一个展览项目。

事实上,千里之外的北京,北辰会展旗下的国家会议中心,就曾创造了传奇——在圆满完成北京奥运会运行保驾任务后,改造投入经营的第一年便实现赢利,成为奥运场馆赛后利用的成功典范。

视线回到杭州。2015年,北辰会展团队进驻后,即凭借丰富的行业资源,以专业化姿态积极开拓市场。无数次的接洽后,收获颇丰:短期内就签约了多项展会项目,实质性合作项目已至2019年,有战略性意向合作项目日期已到2022年。展会项目中,达到1000人以上的项目有9项。

列出的日程表里,有多场重量级会展活动正在静候登场,比如中国杭州国际汽车博览会、华夏家博会等大型专业展会在场馆开幕。世界杭商大会、首届实验医学大会、中国物流企业家年会等专业大型会议。

而在峰会上为外交部领导、组委会领导提供餐饮、客房等服务的杭州国际博览中心北辰大酒店,也以江南风格的舒适空间,吸引了多家国内大型企业签订长期客房和餐饮合约。

G20峰会的精彩也有望在场馆里定格。杭州国际博览中心正在研究G20峰会博物馆方案,计划延续G20峰会的国际影响力,将场馆打造成杭州的全新展示窗口和国际化旅游名片。

授人以鱼不如授人以渔。目前,北辰会展正积极参与杭州会展及旅游政策的制定,协助完善当地会展产业链。

北辰团队着眼大局,凭借多年积累的丰富会展资源,为杭州引进了4项国际化项目,还通过努力发展周边省市地区项目入杭10余项,推动2017年中国会展文化节落户杭州,更加活跃了杭州的会展市场。

"请北辰过来,是最英明的决定。"杭州地区领导在与北辰团队会面时,不禁发出这样的夸赞。

不积跬步无以至千里。这些高标准、高质量的服务并非一朝一夕炼成。在 G20 峰会开幕前夕,正值国家会议中心《服务的力量——国家会议中心接待 2014APEC 领导人会议周全纪录》一书出版发行,该书分五个篇章共计 25 万余字,记叙了国家会议中心在 APEC 会议周的经典服务案例,以此传递北京服务理念和水平。

秉持着首都国企的社会责任,在会展行业标准的制定方面,北辰会展一直走在全国前列、行业之先。由国家会议中心牵头研制的《会议分类和术语》是中国会议业的第一个国家标准。2013 年 8 月 27 日,商务部公布了国家会议中心参与起草的《会议中心服务运营规范》《展览场馆服务运营规范》等 4 项部颁标准,这些标准有效助力了行业规范的形成。

"北辰标准"不仅仅在北京和杭州上演。自北辰集团在 2012 年确立品牌输出战略后,北辰会展的管理版图不断扩大,先后签约珠海、南昌、银川等会展项目。自然,跟随北辰会展团队的步伐,"北辰标准"和"中国服务"也将在全国各地呈现。

"北京速度"传递"北京服务"
——国家会议中心京交会服务接待侧记

为了进一步顺应服务贸易领域的国际合作需求,积极推动全球服务贸易的交流与发展,国务院批准由中华人民共和国商务部、北京市人民政府共同主办的中国(北京)国际服务贸易交易会(简称京交会),自2012年起落户国家会议中心。世界贸易组织、联合国贸易和发展会议、经济合作与发展组织是京交会的永久支持单位。京交会交易范围涵盖世界贸易组织界定的商业服务、通信服务、建筑服务、销售服务、教育服务、环境服务、金融服务、健康与社会服务、旅游服务、文化体育服务、交通运输服务等12大领域。迄今为止,国家会议中心已成功接待五届京交会。

一、首创"北京速度"保障京交

京交会创立伊始,就与国家会议中心结下了不解之缘。2012年,首届京交会落户国家会中心时,国家会议中心启动了奥运级别的服务预案,要求以接待国事活动的标准和规格去完成每一个服务细节。为了配合主办方万无一失地做好首届京交会的服务和运行保障工作,国家会议中心成立了专门的领导小组,仔细研究了会议的各项议程,并制定了超过50个严密、翔实的服务方案。

首届京交会的展览面积达5万平方米,不仅使用了场馆的全部展览区域,还需要临时搭建部分展览场地,而前一场大型展览于5月26日结束,留给京交会的布展时间只有不到48小时。于是,忙碌、紧张却不失条理的布展工作紧锣密鼓地进行。5月27日晚,时任北京市市长郭金龙到国家会议中心检查京交会筹备工作,得知整个展馆已在48小时内布展完毕时,他称赞:"这不仅是'北京速度',同时也是'北京质量'"。

第四届京交会

首届京交会规格高、成果丰硕。来自23个国家和地区的政要及有关国际组织的负责人出席了首届京交会,共有1721家企业、67家世界500强参展,全球82个国家和地区的注册客商2.2万人,到会专业观众累计超过10万人,签订项目458个,总成交额601.1亿美元,其中国际服务贸易交易112亿美元。

二、速度与质量共进优质京交

2013年,第二届京交会再次选择在国家会议中心举行,与首届京交会相比,第二届京交会的规模更大、规格更高,再一次考验了国家会议中心的服务管理质量。

为了满足展览场地的需要,国家会议中心历时一个多月在场馆北侧搭建了近2万平方米的临时展场,其中的供电、供水、空调、网络、通信一应俱全,容纳800余家展商,临时展场与主体场馆保持相同的水平,这样大规模的室外临时展场的搭建在国内尚不多见。同时,国家会议中心成立了以总经理为首的接待小组,各部门负责人分工明确,责任到位。对展会期间的电力、音响、排污疏通、消防安全等工作进行全力保障。而24小时在岗巡查则为展会安全保驾护航。国家会议中心在展览规模突破以往的前提下,更加注重服务细节,实现了安全零事故、服务接待零差错。

在住宿方面,国家会议中心大酒店为了给参会宾客提供更优质的服务,酒店多次对功能设施、服务进行了全面的检查和人员培训,并完善了突发事件的多项应急预案。而餐饮服务更是为第二届京交会增添了一抹亮色。国家会议中心的厨师团队在京交会期间为数以万计的参会参展人员提供了高质量

搭建在国家会议中心主体外部的餐饮大棚宽敞明亮

的餐饮服务。特设的餐饮大棚，大大节省了参展人员的时间，在参加活动的同时体验质优、价廉的餐饮服务。

专注细节、贴心周到的高质服务是国家会议中心一贯坚持的服务作风，第二届京交会的规模虽然突破以往，但国家会议中心为展商、客户及公众提供的却是一如既往的服务水准，进一步提升了场馆的国际影响力。

三、服务细致无误京交

2014年，京交会继续将主场地放在了国家会议中心。国家会议中心承接了由展览展示、专业论坛、交易洽谈三种形式组成的共133场活动，使用了全部会议室及展馆，面积达到4.7万平方米。作为京交会这一国际性服务贸易盛会的落地平台，国家会议中心的会场服务展现的是北京的软实力及国家的整体服务水平，影响着与会嘉宾对城市乃至国家的认知。接待第三届京交会时，国家会议中心在稳定的服务基础上，更加注重服务细节，圆满地完成

第三届京交会现场

了会议期间各项场馆保障和接待服务工作，受到了北京市委、市政府的高度赞誉及与会嘉宾的一致好评。

餐饮服务方面，服务团队一如既往地为数以万计的客人提供了高质量的餐饮服务。而在国家会议中心东侧的餐饮大棚里，餐饮团队在短短的5天会期内就接待了近万人次用餐，其中自选餐区最受欢迎，日均售出千余份。虽然自选餐区内的菜品看起来都是很简单的家常菜，但每天菜品不重样，口味和营养搭配也颇具心思。会场服务方面，提前做好物资安置及消毒工作，严格把控配备及补给时间，确保现场服务细致周到；安排保洁人员及时清扫会场，为嘉宾营造整洁、干净、舒适的参会环境。安保服务方面，积极主动与主办方联系，做好会议期间车辆停放安排，并加强安全保卫工作，保证24小时在岗巡查，确保了会场安全。住宿服务方面，国家会议中心大酒店在京交会期间为了给参会嘉宾提供更优质的服务，多次对酒店功能设施、服务进行了全面的检查和人员培训，并完善了突发事件的多项应急预案，提高了及时高效地处理各种突发事件的能力。国家会议中心及外包单位、外协单位投入了数千人24小时轮班坚守，圆满地完成第三届京交会场馆保障和现场服务工作。

四、特色餐饮点亮京交

2016年5月28日，第四届京交会在国家会议中心隆重开幕。经过历届京交会的成功举办，京交会的吸引力和关注度逐渐提升，有34个国家和地区参展或举办专题活动，比上届增加了17个，其中法国、捷克、加拿大魁北克省、日本东京等14个国家和地区是首次参加京交会。第四届京交会的参会观展人数超过10万人次，单日观展人数最高峰约达2.5万人次。

对于国家会议中心来说，虽然已成功举办了三届京交会，具备了一定的接待经验，但组委会提出了更高的要求：把接待京交会作为G20峰会前的一次服务大练兵，确保接待服务精益求精、万无一失。在会议前夕，销

首届中国（北京）国际服务贸易交易会

售和协调负责人主动与组委会接洽，尽早明确会议具体要求，以便筹备工作的顺利开展。从2016年3月下旬以来，企业召开专题沟通会约13次，接待京交会组委会及各版块承办单位等考察30余次。各部门分别制定了相应的应急预案。自5月24日起，展览运营部、施工服务部员工就开始昼夜值守，严格把控搭建质量，做到安全有序。为做好京交会期间的安全运行，工程部对场馆各区域系统及设备设施进行了全面检修和维护，仅设施装潢检修就达1082项，同时针对电梯困人、跑水、电力中断等事故进行专项应急演练及模拟演习。安保部加派人力、物力，全天值守，以确保场馆周边道路交通畅通，此外还在场馆的各重要通道处摆放消防安全宣传牌10块；中控室内监控人员利用监控探头每两小时巡视场馆内治安情况，微型消防站的值机员也处于24小时待命状态，为大会安全保驾护航。

与往年不同的是，第四届京交会的餐饮场次多，形式格外丰富，每天中、西菜品多达200余种，创新菜品达15种。3600平方米的餐饮区由原来的室外移至室内。现场制作的肉饼、墨西哥卷、刀削面、凉面极受宾客欢迎，5天共接待近1万人次用餐。此外，考虑到大会新闻中心工作人员的职业特点，企业特别增加了茶歇、饮品等贴心服务，受到媒体记者们的好评。

2017年中国（北京）国际服务贸易交易会签约仪式

在大会期间，会议服务应变有序，临时加会和会场桌椅调整的情况时有发生。在任务紧急的情况下，各区域会场负责人及时调配人员，总共翻台200多场次，平均布置会场仅用1个小时。

京交会组委会北京市国际服务贸易事务中心梁惊原主任对国家会议中心的接待服务工作非常满意，他对党委书记魏明乾表示："此次国家会议中心接待服务亮点频出，服务周到细致，如礼仪控梯服务、新闻中心特色服务、领导巡场路线沿路服务组织科学等，细节严谨、周到。"6月1日下午，北京市国际服务贸易事务中心展览事务部李晓尧部长对记者谈道："国家会议中心讲政治、顾全大局；整个会期服务给力，执行到位；全体员工尽职尽责，主动、热情的工作精神非常令我们感动！"

五、速度诠释服务完满京交

5月28日，历时5天，由中华人民共和国商务部和北京市人民政府共同主办的 2017 年中国（北京）国际服务贸易交易会在国家会议中心圆满落幕。本次大会成果丰硕，意向签约额 721.8 亿元，其中国际签约的项目 55 个，意向签约额 137.3 亿元。

本次大会共举办了 5 万平方米展览展示和 85 场论坛会议及洽谈交易活动。其中，展览展示设立国际、省区市和行业三大展区。论坛会议包括 1 场主旨论坛、2 场国际论坛，以及 2017 中国（北京）电子商务大会等 6 场行业发展大会。洽谈交易活动共计 76 场。

国家会议中心高度重视，多次召开专题工作会，详细了解组委会的需求和工作难点，相关部门主动与组委会接洽沟通，及时协调，做好预案；同时，成立了接待工作领导小组，对项目的进展情况、会议需求、餐饮区规划及需求、客房需求和安保安检措施等进行了全面部署；召开全员动员大会，开展专项培训和针对性演练，各部室分工明确、责任到人。

作为场馆提供方，国家会议中心积极备战，全面提升会议服务总体水准。会场服务方面，根据组委会的要求，合理规划会场布局，细分各个功能区，将展览区和论坛区有机衔接，形成整体效应。确保附属设施运转顺畅，为会议组织者和与会嘉宾提供最优质、最便利的服务；餐饮服务方面，既要体现中国特色和北京特色，又要兼顾京交会提倡创新多元化的特点，还要考虑到与会嘉宾不同的就餐特点和需求，合理配置餐品，力争让与会嘉宾切身体验国家会议中心高质量、有特色的服务；客房服务方面，为了给与会嘉宾提供舒适的住宿环境，国家会议中心大酒店多次对酒店功能设施、服务项目进行全面的检查，为与会嘉宾提供绿色通道，并提供高效准确的迎送、提示、指引等会议相关配套服务。安全保障方面，为了确保万无一失，加强巡视检查，确保水、电、气供应和设备设施运行安全，同时做好卫生防疫和食品卫生安全工作，保障网络正常和安全运行。

餐饮服务一直是国家会议中心的一大特色，设在展区 6 号展馆的餐饮区，有地道北京风味的茶汤小点，也有中西合璧的简餐，能够满足不同国家和地区嘉宾的口味和需求，同时方便与会嘉宾不出场馆就能享用特色美食。

用速度诠释服务水平。以布展为例,用40多个小时布展5万平方米展区和3万平方米会议区的速度,刷新了国家会议中心以往布展速度的纪录。本次交易会布展的时间不到两天,时间紧、任务重,最终所有布展工作均按计划完成,并实现"安全生产万无一失"。

国家会议中心在历届京交会中用他们的专业素质,细心周到,完美地向大家展示着"北京服务"的品质、特色与内涵。

分毫不差,为"北京服务"锦上添花
——国家会议中心"一带一路"高峰论坛服务侧记

2017年5月14日—15日,举世瞩目的"一带一路"国际合作高峰论坛在北京惊艳亮相。本次大会是新中国成立以来我国举办的层级最高、规模最大的主场外交活动,主要包括开幕式、圆桌峰会和高级别会议三个部分。

一、任务重大,勇于承担

国家会议中心作为"一带一路"国际合作高峰论坛的开篇主战场和主阵地,于5月14日举办高峰论坛开幕式、高级别全体会议和6场平行主题会议,共3项重大活动。此外,还负责新闻中心的服务和保障工作,以及外交部、北京市筹备工作领导小组、办公室工作人员等住宿和用餐保障工作。24场会议近70间会议室服务,使用了会议区3万平方米的区域;展厅的1.1万平方米作为新闻中心,承担为中外记者服务和保障的工作。此外,为参会代表、媒体记者、工作人员等1万余人提供餐饮保障,单日用餐最高峰达3.39万人次。5月14日,仅新闻中心提供早、午、晚正餐和茶歇累计就达1.46万人次。这是国家会议中心继成功接待2014年APEC领导人会议周、2016年G20杭州峰会之后,承担的又一重量级外交活动。

二、"稳"胜万变，攻克难关

本次大会具有"一首四多"的特点，即领导人首场活动，人数多、会议多、中方参与单位多、配套保障功能多。筹备工作环节多、任务重、难度大，经常出现"多"和"不定"等因素，国家会议中心凭借多年接待国际大会的经验和对组委会的了解，提前做好各项筹备工作，克服了诸多不利因素带来的影响，攻克了一个个难关，圆满完成了服务保障任务。

本次高峰论坛有29个国家领导人和3位重要国际组织负责人出席，规格高，要求更高，又无先例可循。国家会议中心外联人员对接30多个单位，反复确认需求，每一个细节都要清楚掌握、及时落实。随着会期的临近，外联组负责人每日接打电话量近两百个，几乎每接听一次电话后都会发现又有两个未接电话。会议区、新闻中心的负责人嗓子哑了，但依然坚守岗位。

此次高峰论坛与以往的大型国际会议的不同点是存在很大的不确定因素，也就是大家常说的"变"。会议多、牵头单位多、场地台型多、功能多、对接的人多，直接导致的就是"变"，给对接信息的准确性、落实到位、服务安排保障都增加了难度和挑战。但是，国家会议中心工作人员以"稳"应对各种变化，用丰富的接待经验，为组委会提供可操作的建议，帮助组委会化解一个个难题。国家会议中心由于经营性质的特殊性，在多次全实景、全要素的演练中，既要满足组委会的要求，又不能影响企业的正常经营；因此，国家会议中心多次与北京市市委市政府、外交部、国家发改委及十多个单位之间进行沟通，确保参与单位共同认可，进行方案的确定和实施。

三、模块划分，职责明确，处处留心，彰显"北京服务"

（一）开幕式暨"1+6"模式平行主题会议

2017年5月14日，"一带一路"国际合作高峰论坛在国家会议中心拉开序幕,国家主席习近平出席并发表题为《携手推进"一带一路"建设》的主旨演讲。

在国家会议中心四层大会堂,站在蓝黄相间、寓意海洋与沙漠的背景板前,俯瞰整个会场中整齐划一的桌椅,给人一种"沙场点兵"的磅礴气势

各种细致贴心的标准化服务体现在会场的每一个角落

  开幕式会场里的999个座位,由60名服务人员,历时4个小时,用162条吊线分毫不差地将座位的横、竖、斜都保持在一条直线上。

  论坛开幕式结束后举行的高级别会议采用"1+6"模式,即1场高级别全体会议和6场平行主题会议。重点围绕基础设施、产业投资、经贸合作、能源资源、金融合作、人文交流、生态环境和海上合作这8个方面进行研讨交流。6场平行主题会议在当天下午举行,分别聚焦"五通"和智库交流。会议形式包括主旨演讲、专题发言和讨论等。

"一带一路"国际合作高峰论坛平行主题会议现场

（二）新闻中心

"一带一路"国际合作高峰论坛新闻中心设在国家会议中心展览区1号、2号展厅，新闻中心设有综合服务区、媒体公共工作区、媒体专用工作区、新闻发布区、官方图片中心、公共信号服务区、卫星传送服务区、演播室、单边直播报道点、茶歇区、媒体餐饮区、祈祷室、医疗室、媒体集合点和文化展示区，共15个功能区，每个功能区都配有工作人员和志愿者。新闻中心于4月30日正式进场搭建，5月10日搭建完成，5月11日进行了全负荷压力测试，5月12日开始试运行。

开幕式当天，注册中外新闻记者已达4400多人。国家会议中心为各国媒体记者提供细致周到的服务，以满足不同层次的需求。高峰论坛期间，5月14日6点至5月15日22点，新闻中心连续40个小时不间断正式运行，为媒体记者提供正餐、茶歇等服务，并在环境卫生、电源使用及室温控制等方面提供全天候的保障。

媒体公共工作区共有538个记者工位，每个座位前设有电源插口和网线插口，24小时不断电，同时新闻中心备有100台笔记本电脑供记者们使用，提供中英双语音频接口、网络接口、不间断电源接口。另有无线网络覆盖，满足1500人3G/4G使用，WLAN网络出口带宽1000兆，可以满足3000人同时使用。

国家会议中心新闻中心媒体餐饮区

在新闻中心媒体餐饮区,各种"丝路"元素应接不暇。一进入餐饮区,一个浪花与骆驼造型的精美摆件映入眼帘,映衬着此次高峰论坛的会标。在摆件圆形的底座上呈现出一幅"壮美画面",一边是几艘满载货物的商船在蓝色的海洋上扬帆远航,另一边是驼铃古道,仿佛让人看到了张骞带领着他的驼队在孤烟大漠中壮志西行。

为让记者们节约时间,在用餐现场避免排队,新闻中心餐饮区开设4条餐线,一次可容纳530名记者同时用餐。同时,也为记者们提供便携式餐包,餐包由西式面包、蔬菜沙拉和水果组成。

(三)餐饮服务

高峰论坛期间,国家会议中心为参会代表、记者、工作人员等上万人提供餐饮保障。开幕式当天,单日用餐最高峰达到2万人次。为了圆满完成服务接待任务,国家会议中心厨师团队从2016年年底便开始构思相关的餐饮设计,结合"一带一路"会议主题、沿线国家风土人情、文化内涵,用面塑、糖艺、果蔬雕等工艺设计了37组884件特色摆台,为代表们提供既饱眼福、又饱口福的餐饮体验。

高峰论坛期间,国家会议中心设置多处茶歇区,茶歇区的设计处处穿插"丝路"元素,体现了国家会议中心的贴心与用心。茶歇区分别位于

国家会议中心一层大宴会厅"一带一路"国际合作高峰论坛工作餐现场

国家会议中心一层、四层北序厅、大会堂 B 东侧、405 会议室、406 会议室、新闻中心等场所以及听会室。

看似不出奇的台花，也经过了工作人员的用心研究。由于花是提前 4 小时摆放到位，工作人员甚至细心地提前做了浸水试验，测试花期长度，保证会期台花的颜色与美观。

四、万无一失，滴水不漏，方成完美结局

历经 225 天的艰苦努力和精心筹备，国家会议中心以"零经验、第一次"的心态面对这项任务，以"安全运行万无一失，服务接待滴水不漏，力争增光添彩"为目标，认真落实细节，严格服务管理，以高度的政治责任感和饱满的工作热情，深入践行"节俭办会、绿色办会"的理念，取得了会议活动精彩纷呈、服务工作周到细致、安全运行平稳有序的良好成绩。在兼顾经营的同时，按计划、高质量地完成了 94 项维保项目，675 处重点部位、重点设备设施、机房、库房的反复联合检查，测试消防设备 1609 处，组织各类演习演练 55 次，组织了近万人次的业务培训。在高峰论坛举办期间所提供的专业、细致、高效的服务，受到了参会各方的赞誉。

工作人员正在布置台花

（一）制度明确

结合本次大会特点，国家会议中心运筹帷幄、提前策划、积极备战、周密部署、严抓细管，通过制定"两案一表"明确任务、分工、职责，实现责任到岗、责任到人，对各项安全工作进行分组、分区域化管理；成立了领导小组和专项工作小组，党委书记任领导小组的组长，各主管领导任副组长；18个专项工作小组，由各部室负责人负责。国家会议中心党委充分发挥党组织的战斗堡垒作用和党员先锋模范作用；各部室密切配合，全员以强烈的政治责任心和积极饱满的精神风貌，成功保障高峰论坛的顺利举办。

在高峰论坛开幕前，国家会议中心根据筹备进展，实施不同例会制度。每周召开企业例会和项目沟通会部署筹备工作；从3月开始，每周召开高峰论坛筹备专题会，专门研讨接待方案；5月会期临近，坚持每天召开碰头会，解决专项问题。2017年5月2日下午，国家会议中心服务保障高峰论坛誓师大会隆重召开，国家会议中心党委书记魏明乾从北辰集团党委书记、董事长贺总手中接过象征责任与信任的北辰旗，并带领全体参会人员面对北辰旗庄严宣誓："安全运行万无一失，接待服务滴水不漏；为国家增光，为北京争气；亮北辰品牌，展国会风采；为高峰论坛圆满成功努力奋斗！"国家会议中心言出必践，先后制定了接待方案、安全保卫方案及近百个应急预案，做到了人员双备份、设备双备份，从桌面演练到全要素、全实景、全流程演练，为接待服务奠定了坚实的基础。

（二）功在日常

国家会议中心根据大型活动接待经验及企业服务标准，自2016年年初即开始针对性的实施安全维护，为高峰论坛保驾护航。如安全保卫工作，在筹备前期，国家会议中心通过方案引领、政策引导、宣传配合、防管结合的方式，确保了大会的安全召开。截至论坛召开前，企业与员工、写字楼租户、外包服务公司等签订了各类责任书共计1606份，政审人员5635名，办理证件6635张，发放消防安全的宣传卡片1500张，组织安全检查近千处次，整改率达100%；开展了通道排查、排爆安检、联合检查、运送物资、专项演习、安全知识技能培训等治安管理工作；还组织了针对工程、安保、厨房、物业服务、会议运营、新员工、外包单位员工岗位的消防专项培训；组织了灭火疏散演练和防爆处突演习。

新闻中心投入使用后，安保部与安全生产部、工程部成立联合检查组，对现场搭建设施和设备进行检查10次，共计检查新闻中心用电防火部位3740处次、电源线8450米，发现问题22处，整改率为100%，确保了新闻中心安全运行。为确保场馆的安全性及周边道路秩序，5月5日晚清馆后会议中心内部车场禁止停车。负责交通管理的员工，每日6点开始指引国家会议中心及写字楼员工将车停到指定区域，清理主体外围道路及酒店周边共享单车、电动自行车、摩托车等共计1200余辆，保障了周边环境的整洁。

（三）有标可依

服务不是惊天动地的事业，而是围绕服务细节不断打磨！国家会议中心不断完善标准化、精细化服务，提高机制作用，追求精雕细刻、润物细无声式的贴心服务，从优秀到卓越，将细节服务贯穿高峰论坛的每一个环节。

在标准化方面，国家会议中心于2015年12月25日顺利通过了"国家级服务业标准化试点项目"考核，成为国内首家完成国家级服务标准化试点的会展场馆。国家会议中心将标准化的理念贯彻在会议的各项服务之中，强化对标准实施监督检查。服务团队按照企业服务标准作业流程，依据服务操作的完善技术文件对每场会议进行全面准备，服务人员严格按照规范操作，将服务标准执行到位，将会议服务做到极致。

本次高峰论坛接待会议24场，6000余人次；接待餐饮198场，78905人次。其中仅5月14日，一天提供餐饮服务51场，累计用餐人数达33900余人次。针对就餐时间长、用餐地点分散、用餐时间相对集中、用餐人数变化

设计了10条餐线，避免排队等候的现象

等问题，国家会议中心都进行了提前规划。特别是结合开幕式入场时间早、中午转场时间紧、人流大的实际情况，在开幕式入场沿线设置5个茶歇点，供参会人员快速领取食品；中午，会议联合洲际酒店，实现参会人员快速分流、分区域、分时间用餐，确保下午平行主题会议准时开始。

在环境方面，确保为参会人员提供一个干净整洁的会议环境，企业提前着手，重点进行了卫生间换新、墙面翻新、地面结晶、更换灯带等方面的准备工作。其中高空清洗建筑物外墙总面积56476.18平方米，会议区地面翻新结晶1837.77平方米，墙面翻新结晶2219.76平方米，展览区地面翻新结晶7670平方米。地面、墙面翻新、结晶总面积11727.53平方米。

在国家会议中心正门摆放大型花坛、周边布置各色花卉，在景观大道设置了90组立体花柱，并在周边布置了千米围栏花卉。

另外，为了保障服务人员的着装能够展现大国风范与中国特色，会议中心积极与服装厂家沟通，为主要服务岗位员工制作新工服，特别是为贵宾接待团队设计的主题为"丝路愿景"的海蓝色旗袍，十分引人注目。这款改良旗袍的颜色是海洋蓝和沙漠黄，分别代表了海上和陆上丝绸之路，身着得体工服的服务人员成为会场里一道靓丽的风景线。

国家会议中心服务人员身着主题为"丝路愿景"的旗袍

（四）注重培训

不积跬步无以至千里。高标准、高质量的服务并非一朝一夕炼成。为做到"安全运行万无一失，服务接待滴水不漏"，国家会议中心各部门、各区域全体员工开展"标准化"渐进培训、强化培训，以及各专项培训。坚持用行动践行"标准化的力量"，每个岗位都有对应的标准化要求，特别是对一些服务技能进行了更加细致化的规定。培训团队提早着手准备高峰论坛参会国信息、习俗及禁忌，并制订详细计划，对全体员工展开"峰会"基础知识培训。在2017年2月至4月期间，国家会议中心共组织实施了7大项、1211人次参加的各类培训。这其中既有针对会议背景的专门培训，如"一带一路"背景知识培训、基础礼仪和职业心态培训，还有增强安全意识的培训，包括消防、急救、安全等课程。培训内容覆盖面广、针对性强。

(五)勇于创新

会议中心充分考虑到会议需求,提前制订预案,汇总了"一带一路"沿线60余个国家的信息,包括国旗、元首姓名、宗教、饮食特点、礼仪与禁忌等内容,并根据各国餐饮文化和与会代表个人的口味和餐饮习俗定制菜品,厨师团队详细查阅资料,经过精心设计和反复试验,最终制作出精美的茶歇菜品,包括"花开富贵""鲜花玫瑰饼""什锦迷你馕"及"宫廷芸豆卷"等十余种小吃点心。尤其是"什锦迷你馕",活动期间得到了与会代表的追捧。

在餐饮摆台上,企业结合"一带一路"主题、沿线国家的风土人情、文化内涵等,用面塑、糖艺、果蔬雕等工艺设计出了既体现丝路文化,又具有中国特色、北京风味的餐饮摆台装饰共计40多组、近千件创意摆台,包括"大漠风情""乘风破浪""百花争艳""竹上生辉""万里长城""四大发明"等特色作品。由29篮水果组成的,寓意"硕果累累"的花果山,以及用冬

糖艺装饰作品"大漠风情"

果蔬雕装饰作品"花开富贵"

瓜、西瓜雕刻的果蔬墙与高铁、大雁塔等装饰品遥相呼应,让与会代表始终沉浸在"一带一路"古代与现代友好发展的氛围之中。

匠心琢精品，美食耀峰会
——全聚德集团"一带一路"工作午宴侧记

2017年5月14日—15日，举世瞩目的"一带一路"国际合作高峰论坛在北京召开。首旅集团承担了此次"一带一路"高峰论坛圆桌峰会期间的多项服务工作，安排全聚德集团负责为5月15日出席"一带一路"高峰论坛领导人圆桌峰会的29位外国元首、政府首脑及联合国秘书长等共计37人提供工作午宴，与国际饭店、和平宾馆组建了圆桌峰会工作午宴服务团队。

全聚德集团将做好"一带一路"国际合作高峰论坛的服务任务作为压倒一切的政治任务，在北京市委、市政府和首旅集团的正确领导下，在市旅游委、市商务委、市食药监局、市农业局等政府部门的支持指导下，全聚德集团所属12家成员企业、57名员工，与国际饭店、和平宾馆团队齐心协力，在接到任务的半年的时间里，精心筹备、精密管控、精细磨砺，以追求极致的匠人精神，做到思想、组织、人员、方案、管理、品质、安全等全面到位，在5月15日圆桌峰会工作午宴的服务中，呈现出最高制作水准、最佳出品品质、最严供餐流程，菜品从备料、烹饪、出锅到上桌程序无缝对接，时间精确到秒，为参加圆桌峰会的各国、各地区贵宾奉献了中西合璧的精致餐食，圆满完成了工作午宴的服务任务。

一、使命光荣，责任重大

2016年12月，全聚德集团接到为"一带一路"高峰论坛圆桌峰会提供工作午宴的任务，这是全聚德集团承担的最高级别的主场国宴任务；是首旅集团对全聚德政治上的最大信任、技艺上的最高期待；是展示中华餐饮最高水平，展示国家形象的艰巨任务！

接到任务后，全聚德集团第一时间成立了党委书记、总经理张力挂帅的"一带一路"高峰论坛服务保障工作领导小组，集团公司董事长邢颖为服务团队做动员、提要求。集团企业联动，形成了统一调度、统一行动，各司其职、共襄盛举的积极氛围，建立起"一带一路"高峰论坛供餐服务的工作网络。

集团组建服务团队，由集团公司主要领导亲临一线指挥；抽调企业优秀人员组建团队，12家企业鼎力支持，57位业务骨干加入团队。全聚德和平门店承担"一带一路"高峰论坛高峰论坛服务供应实验基地重任，组织、人员、

全聚德"一带一路"高峰论坛服务团队在海晏厅合影

管理全面到位。全聚德仿膳食品公司、全聚德三元金星食品公司作为鸭源供应配送企业,从鸭源、鸭坯生产、库房、车辆建立全程严密工作制度,配备专项工作团队。

高峰论坛会议前夕,首旅集团发出《关于在"一带一路"国际高峰论坛服务保障工作中发挥党组织战斗堡垒和党员先锋模范作用的倡议书》,成立了"一带一路"高峰论坛服务保障临时党支部,成为保障任务圆满完成的坚强核心,为高标准完成"一带一路"高峰论坛供餐服务任务提供了有力的组织保证。

首旅集团党委副书记、副董事长、总经理刘毅,副总经理高飞和大型活动部负责人侯利来到任务现场组织召开了动员会。刘毅总经理代表首旅集团党委对全体工作人员表示慰问,并要求工作团队勇敢地承担起这个展示国家形象、展现中国品质的责任,把过硬的思想、作风、工作展现在每一个环节上,展示中华传统饮食文化,展示中华民族热情好客的服务水准。

全聚德集团董事长邢颖前往服务一线看望、慰问服务团队。他指出,由全聚德集团对宴会全程进行设计实施,是首旅集团对全聚德公司政治上的最大信任、技艺上的最高期待,既是空前的考验,也是难得的机遇。他要求全体人员要以高度的政治责任感、神圣的历史使命感、更加饱满的工作激情、精雕细琢的匠心精神,万无一失地完成服务任务,为首旅集团添彩,为全聚德争光。

二、精益求精,追求卓越

全聚德呈现在国宴上的菜品,要古今结合,既有历史传承,又有时尚特色;要中西合璧,既有国粹精华,又有国际风范;要符合外国贵宾的餐饮偏好,要融入"一带一路"主题,菜品设计展现美好寓意与宏伟愿景。

中共中央办公厅、外交部、市旅游委、首旅集团等上级单位提出了国宴菜品的设计与出品要求。相对于全聚德烤鸭在 2008 年北京奥运会上获得"第五十二块金牌"的美誉、在2014年APEC会议上"盛世牡丹"绽放的夺目光彩，全聚德集团此次负责圆桌峰会工作午宴每一道菜品的制作供应，是在国家级平台上的第一次"全科大考"，是历史性的新挑战，前所未有的难题蜂拥而至：从单品烤鸭供应到国宴每一道餐食的设计制作，从整个国宴中的某一个环节到全部供餐流程的总体统筹谋划部署，第一次经历国宴全流程供餐服务任务，没有现成的经验与模式；烤鸭的服务供应已经有了严格的标准和较为成熟的工作程序，但国宴餐食的标准更高、更严、更细，选择什么原材料、采取什么烹饪技法、如何进行营养搭配、怎样使色香味形俱佳、如何确保食品安全，这些都是全新的课题，方方面面必须考虑周全；以往的外事服务不过面对一两个国家贵宾，这次37位贵宾来自五湖四海，饮食习惯各不相同，虽然工作午宴只有几道菜品，但要搭配出10余种新的组合，涉及的食品原材料将增加数倍，工作难度更大，流程更加复杂；以往供应烤鸭任务交由一个企业团队完成，员工之间配合默契，这次汇聚全聚德集团各企业骨干，如何分工合作需要磨合适应，各环节的工作衔接需要严密的管控。

　　服务团队的厨师队伍，荟萃了中国烹饪大师、名师、国内外各类烹饪大赛的金奖获得者，技术实力雄厚，然而在任务执行过程中，遇到的困难超乎想象。厨师们满怀热情，积极查阅资料，研究菜单，自信满满地提出了两种菜品方案。然而在首次试餐会上，各上级主管部门的意见集中在"囿于传统、过于保守""不够时尚、不够国际化"这两方面，对照国宴标准，差距不小。差距在哪里？在思想认识上，曾经业内领先的优势、承继传统的经典、百年辉煌的文化给了大家骄傲与自信，但在新的餐饮时代缺少了创新变革的动力，对当代餐饮潮流和审美缺少研究，思维固化，没有突破；在能力水平上，全聚德长于中式正餐，面对中西合璧的要求，对西餐的认识理解、制作技法、火候把握、摆盘设计还不够地道，换而言之，对于国宴餐食的品质没有把握到位。"一带一路"工作午宴负责人、全聚德集团党委书记、总经理张力告诉烹饪大师们："要突破传统思维模式，必须勇于否定自我，去学习、去接受新的理念，尽全力建立适应现代餐饮的新思维、新审美、新技能。"知不足者好学，厨师团队的大师们虚心学习，潜心研究，他们多方查找当代高端餐饮有关资料，学习研究"一带一路"相关国家的饮食特点；请来西餐烹饪大师现场演示，体验地道的西餐烹饪，研究高端餐饮中西合璧的结合点；向兄弟单位学习大型国宴活动的经验；走市场看原料，看到新鲜的、适用的买回来试用；冷菜摆盘设计没灵感，大家背靠背分头设计，拿出作品互相启发；菜品口味不到位，按照各种配方、不同配制比例进行了数十次的试制；牛排不确定几分熟口感最好，那就一分一分、一次一次地试。试餐是必不可少的，从3月9日第一次试餐到5月15日正式提供服务，中共中央办公厅、外交部、北京市委、市政府、市旅游委组织大型试餐演练3次，首旅集团组织试餐演练2次，全聚德集团试餐演练基本上是隔天一次，不少于40次，每道菜品试过不下80遍，厨师自己制作试餐多得连他们自己都说不清。在每次试餐后，进行头脑风暴，提出创新思路和解决办法。在创新思考和实践中，在各级主管部门和团队主管领导的严格要求下，厨师们突破了固有的传统思维定式，在菜品设计和制作中经过一次次否定，一次次推倒重来，一次次重新创意，毫不气馁，攻克一道道难关，经过数百道菜品的试制，全聚德出品的国宴餐食渐入佳境。

冷菜头盘要先声夺人，第一稿的"头盘+4小菜"组合，完全是中餐模式，最终定型的"一带一路会徽摆盘+4味碟"组合，西式头盘餐食，中国风格大写意摆盘设计，大气而灵动，这中间试制了41种组合，每种组合都包括5种以上原材料及加工、制作、摆盘的变化。年轻的冷菜组组长高明笑着说："一次次被否定，觉得都不会干活儿了，可是最终突破了局限，仿佛看到了一片新天地，特别有成就感！"

热菜要精彩纷呈，全聚德的厨师们突破了西餐设计制作的短板，充分展现中西合璧与"一带一路"的主题思考。"一带一路"是中国主场外交，餐食原材料当然全部选用地道国货精品，烹饪技法中西巧妙搭配转换。主菜牛排选用"秦宝"雪花牛，来自陕西——千古丝绸之路的起点，采用中式烹饪技法；宫廷大虾采取中式炸烹虾与西式姜汁虾口味双拼；中华经典名菜"口袋豆腐",寓意"一带一路"高峰论坛成果丰硕,满载而归;一带伊面拼烤鸭,奉上全聚德烤鸭与西餐经典意大利面,象征"和平、交流、理解、包容、合作、共赢"的"一带一路"精神。厨师团队负责人谭兵带领团队试制了数百道菜品,他感慨地说:"这次任务要求特别严,凡事要做到最好,团队整体水平得到很大提升。这样干下去,全聚德一定会更好!"

同时,厨师团队把备战国宴当作练兵场,以最好的状态,最佳的技艺,鼓足干劲儿,按照上级单位和各级领导的要求,依据各国元首、首脑的用餐习惯和会议要求变化,一遍遍地对菜品出品进行调整、改进、提升。虽然工作午宴共有 6 道菜品,但针对贵宾的饮食习惯,需要量身定做 17 道菜品;每道菜品又经过了难以计数的试验,对每一道菜品在原料选择、烹饪技法、装盘形式、出品呈现上都精雕细琢,成就了古今结合、中西合璧,又融入了"一带一路"美好寓意的精品美食,体现了"大国工匠"的精神内涵。

三、严格管控,捍卫品质

坚决捍卫全聚德出品的最优品质是全聚德集团此次服务发出的最强音。为了保证每一道菜的出品都是最高品质,厨师团队全力以赴,打磨技艺,精益求精,追求极致。

全聚德烤鸭是工作午宴的指定菜品,烤鸭组组长王艺是 APEC 会议中展示"盛世牡丹"菜品的主创人员之一,而这次任务没那么"炫",工作重点在于保证全聚德烤鸭的最高品质,在于烤鸭卷好后的保温。围绕着工作午宴会议要求,烤鸭不用葱丝而采用瓜条,鸭饼卷好后用香菜梗捆好,青翠悦目。为了保证烤鸭的温度,烤鸭组与面点组的厨师们加强配合练习,提高卷鸭速度,在标准流程中想尽办法抢时间,最大限度地保证鸭卷的温度,同时保留烤鸭酥香脆嫩的最佳口感。

张景宇大师已经连续参加过多次重大国宴的烹饪工作,这次负责面点组的工作,针对贵宾对面饼和酱料的特殊需求,他们用荞麦面、白米粉皮、玉米面、米粉等多种原料进行反复试验，甜面酱采用多种方式制作，最终以最佳方式、最高品质满足了贵宾的要求。她还主动协助其他部门工作。由兄弟单位负责加工的汤菜，由于人手不够只能分两批来制作，为了保证出品的一致性，张大师带着同事主动帮忙操作，优化工作流程，将原计划用时25分钟的工作缩减到6分钟完成，还凭借自己丰富的经验解决了汤盅上酥皮高矮不一的问题。

装盘组负责人郝振江负责将每一道菜以最美的形态展现，还要根据贵宾的不同饮食习惯，准确无误地交与服务人员。在圆桌峰会的前一天，根据工作要求的变化，他临危受命，紧急调整到新的岗位，凭借多年岗位历练和扎实的技艺功底，出色地完成任务。

加工组负责人范亮亮负责菜品原料的整体调配和粗加工工作，任何一个菜品的变化，其原料的切配处理都要随之变化，他一丝不苟按要求加工，保证做到最好。

保证餐盘温度是工作团队自我加压提出的新要求，大家开动脑筋，试验了水煮——必须用布擦，蒸箱——餐具上有水汽……经过多次试验，终于摸索出餐盘保温的最佳方案。由于热菜出锅后，排风会迅速带走热度，厨师们主动提出，菜品出锅就紧闭门窗，关掉所有排风，开着高瓦度暖食灯，同时盘子下面通过加热垫保温，直到服务员进来把菜端走，才打开排风。厨师们热得满脸通红、汗流浃背，但大家说：为了捍卫全聚德出品的最高品质，值！

由于是第一次组织全流程的餐食供应任务，工作团队各项管理制度很不完善，一些关键环节责任模糊，工作上有衔接不畅、存在安全隐患等问题。张力同志组织全体人员召开专题会议研究管理工作，指出："服务最高级别国宴，各环节工作没有轻重之分、没有大小之分、没有粗细之分，每一个细节都同样重要。"他要求团队成员集思广益，全面梳理工作流程，每一个工作环节、操作细节都不放过，都要有责任人、有管理办法。从经验型到制度化管理，从粗放型到精细化管理，服务团队在实践中摸索出一套完整严密的全流程管理机制。

在内部管理上，制定了完备的工作方案及预案，厨师团队根据工作分工划分成冷菜组、热菜组、面点组、烤鸭组、打荷组、加工组，明确职责分工，加强协调配合，采取全流程责任制，把供餐服务各环节工作细化，全部实现表格记录，共制定各类表格36张，量化管理，责任到人，实现管理全覆盖，全程可追溯。

在外部沟通上，全聚德集团第一次主责对接、协调、沟通北京市各政府相关部门。运营管理部提前与北京市公安局、市内保局、市消防、市食药监局、市商务委、市旅游委、市农业局就此次服务接待工作的具体事宜进行协调沟通，据统计，为保障每个服务环节都能顺利进行，仅4月份用于与政府各相关部门沟通的电话时间就高达2200分钟。

在安全管理上，全聚德集团成立了"5·15"处置突发事件安全工作领导小组；全聚德和平门店和全聚德仿膳食品公司也成立了专项工作领导小组，制定应急工作预案，建立安全责任制度和逐级上报安全情况制度，从4月11日正式进入战备阶段开始，除积极配合北京市、各区食药监局及安保局各项安全检查、检测外，还加大内部安全管理力度，所有环节只要涉及安全都要双保险，甚至三保险。大到场地、车辆，小到每一把刀的使用管理，都有严格的制度规定。和平门店供餐基地采取封闭管理，封闭区场地24小时专人值守，认证不认人，严防死守。全聚德仿膳食品公司对于进入库房的特供产品，实行双锁双人监管；库区的4个摄像头进行24小时实时监控，保障库区的安全；参与特供产品盘货和配送的车辆，全程进行GPS及温度监控，并有行车记录仪进行实时录像，杜绝可疑停靠；配送车辆除了进行日常出车检查、消毒外，对车内配送的产品还要求铅封，并对全车、全过程照相，确保车辆装车及途中的食品安全。严把原材料进货关，特殊时期特殊对待，所有原材料都要在封闭场所外验货，不仅要有供货方的全套各类资质证明，而且要有对方企业负责人、送货人的签字，服务团队负责人、厨师长、进货人要集体验货、签字，为确保全流程安全管理，把和平宾馆、国际饭店进货审核编入集团公司的进货流程统一管理。严格库房管理，双锁双保险，并建立开库记录。供餐服务全流程做到人对人、物对物、点对点,一环扣一环,细化各环节流程和责任人、监督人,配合食药监局全过程监控,做到安全覆盖100%,安全工作万无一失。

在备战过程中,清洗、切配、加工、烤鸭、面点各岗位制作标准上墙,职责明晰;经过多次演练,菜品制作时间精确到秒,与钓鱼台国宾馆服务员衔接顺畅,各项服务精准到位;每一位贵宾的饮食习惯、特制菜品对应座位号,做到出菜、上菜准确无误。全流程的严格管理和高标准要求,为"决战"做好了充分准备。

四、倾心敬业,攻坚克难

5月15日凌晨4点,工作午宴服务团队进入工作状态,按照工作计划有条不紊地做好各项准备工作。但新的挑战又来了,座位图临时发生了变化、用餐贵宾又有新的需求、原定的菜单发生变化、午宴时间推迟等情况,服务团队立即进行调整,妥善解决全部问题,体现出了能打硬仗、善打胜仗的团队素质。

午宴正式开始,各制作组人员按重新确认的时间精准计算菜品制作及出品的时间。厨房里由专人指挥、监测每道菜的制作时间,红外线测试每一个盘子的温度是否达标,每道菜的出菜间隔时间很短,出菜、打荷、端菜、上桌,整个服务流程紧张有序、衔接流畅,60分钟内,全部菜品按照流程制作上齐,向各国元首和首脑完美地呈现了出品时尚、色泽诱人、古今融通、中西合璧的美食盛宴,深受各国贵宾喜欢,很多菜品"光盘"。与此同时,全聚德集团承担的为出席"一带一路"国际合作高峰论坛的外方团长配偶在故宫举办的午宴供应烤鸭任务也圆满完成。

全聚德集团"一带一路"高峰论坛服务保障任务能够圆满完成,背后是全聚德举集团之力的倾力支持,是服务团队的心血智慧与倾情奉献。会议前夕,无论是集团领导、各级管理人员,还是各岗位负责人、普通员工,都并肩战斗在最前沿，全力以赴，责任担当，合作无间，倾情奉献，以出色的工作圆满完成了任务，全面展示了中国形象、北京风采，彰显了中华传统饮食文化的魅力和中华民族热情好客的服务水准，体现出"北京服务"的真正内涵。"北京服务"体现的不仅仅是最后展现给嘉宾的优质服务，也展现了服务人员的辛勤努力、默默付出。

为"一带一路"圆桌峰会提供工作午宴服务，是全聚德集团作为国企老字号、民族品牌为国家服务的光荣使命，同时也取得了多方面的进步。以服务"一带一路"为契机，全面提升了参与国内国外重大政治任务的能力，在任务管理、菜品创新、全流程品质管控等各方面取得了宝贵成果和经验。全聚德在国宴餐食中的精彩呈现，不仅胜利完成了上级交给重大政治任务，而且使他们对菜品有了更深刻的反思。很多熟悉全聚德的人看到午宴菜品，都评价："全聚德的菜品不一样了。"这体现了思维的突破、观念的转变、视野的拓展、创意的延伸、技能和管理水平的提升，从而实现了菜品的华丽转身。在全聚德面向新形势、新市场、新需求的挑战下，这种转变尤为可贵，凝聚成创新担当、拼搏进取、精益求精、团结协作的正能量，并转化为促进全聚德发展的新动力，为全聚德未来的发展打开一扇新的大门。

追求品质,精雕细琢
——贵宾楼国庆观光团餐饮服务侧记

承接各类大型服务工作,是提升品牌价值,考验接待服务水平的重要途径。随着中国国际地位的不断提升,大量的国际大型赛事、会议和活动在北京举行。北京成为向世界展现中国魅力的重要舞台。同时,各项会议、赛事和活动的服务工作自然成为向世界展现中国魅力的重要表现形式,由此衍生出了"北京服务"的概念。"北京服务"是在长期实践经验的积累和总结下形成的,也在实践中得到丰富与升华。不断总结出具有北京特色的服务模式,是北京服务业围绕"四个中心"的战略定位,结合国内外发展的新形势、新环境、新要求,以实际行动践行社会主义核心价值观的具体表现。可以说,"北京服务"的形成是偶然中的必然,是厚积薄发之后的应运而生。

北京贵宾楼饭店在国内外享有一定的知名度,曾成功接待过来自世界各国的首脑和著名财团、公司以及社会知名人士。在接待这些来宾的同时,贵宾楼积累了丰富的接待大型国际会议和重要访华活动的成功经验。贵宾楼每年都会接待国庆观光团,并为到访的每位客人提供安全美味的菜肴食品,让客人体会到贵宾的尊享感。国庆观光团每年的到访时间基本上都是9月21日至10月1日,因此贵宾楼对于这项服务工作有着充分的准备和丰富的经验。

一、食品安全，重于泰山——高度重视安全服务

北京贵宾楼饭店是首批通过了 HACCP 认证（国际普遍采纳且公认的科学、合理、经济的食品安全控制理论和应用系统）的酒店之一，它标志着酒店在食品卫生和安全流程方面，已经具备了国际一流的标准。在每年国庆观光团的餐饮服务中，北京贵宾楼饭店都高度重视食品卫生安全，并公开向社会承诺食品安全保障、倡导绿色食品、提倡健康饮食。北京贵宾楼饭店不仅为国庆观光团提供了卫生安全的餐饮服务，也在北京其他的接待活动中提供了服务，让"北京服务"的理念被更多人认可。

紫金厅隆重接待 VIP 客人

二、软硬并举，改善体验——多举措保证服务质量

2014 年以来，贵宾楼一直承担接待国庆观光团的餐饮服务任务，为保证该类大型接待任务的出色完成，贵宾楼饭店考核并选拔了一批精兵强将组成

专门的服务团队，并逐步对酒店的硬件和软件做进一步提升，让酒店的软硬件设施能够更好地服务于北京的相关活动以及赛事。

为了向国庆观光团来宾展现中国饮食文化集萃，饭店专门设置了极具时尚品位、汇集各大菜系精粹的豪华中餐厅，并对产品和服务都进行了提升。北京贵宾楼饭店的"御福官府菜"品牌在京城乃至全国都非常有名。针对该类大型接待任务和特殊的服务对象，贵宾楼提出了"推广中餐文化，兼顾各国口味；量化营养配比，融合中西精华"的服务宗旨。在原有品牌菜的基础上大胆创新，研制科学营养搭配、符合不同宾客习惯、符合时代饮食潮流和要求的菜品。因此，饭店的厨师团队，平均每个月都会推出十几道创新菜，为中外贵宾呈现最具特色的精品菜肴。

软硬并举的方案为顾客带来了新的体验，让来宾感受到高品质的服务。服务水平的不断提升，这对酒店品牌的影响力也是非常大的。因此，酒店在2017年的活动接待数量骤增，入住的客人也不断增加，尤其是国庆观光团的人数也超过往年。优质的硬件设备，美味的菜品佳肴，精细的服务，让入住北京贵宾楼饭店的客人都能有一个美好的回忆。

三、员工竞赛、培训机制——为提升服务不断创新

"争天下者必先争人，取市场者必先取人"，要搞好国庆观光团的接待工作，归根到底要提升员工素质。因此，培训工作是近几年来贵宾楼的工作重点，服务技能是完成接待任务的关键。

北京贵宾楼饭店近几年开展了"中餐创意摆台""做菜速度比拼"，以及剔制三文鱼、抻面、制作菊花鱼、食品雕刻、创意蛋糕制作、易碎物品打包、总机号码百事通、服装熨烫、创意插花和点钞等技能竞赛。这些比赛定期举办，旨在提高员工的业务能力，强化岗位业务技能的熟练掌握，使员工更好地做好自己的本职工作，提升饭店的服务质量，进一步为"北京服务"做好基础性的建设工作。

为了保证贵宾楼丰富多彩的培训活动，让贵宾楼的接待服务工作得到有效的保障，贵宾楼会定期在员工食堂、休息区、娱乐区甚至员工乘坐的电梯里，悬挂形式多样的技能推广。由于酒店服务的实操性和应变性非常强，许多培训被融合在了日常的一线工作中，比如针对餐饮部专门设立了岗位英语考官，在工作之余随时进行英语考核。

对于餐饮服务工作，北京贵楼饭店向来非常重视。贵宾楼时刻关注时代的发展趋势，站在来宾的立场上考虑他们的需求，从而不断满足顾客的需求。从一年一次的国庆观光团的餐饮接待就看出，贵宾楼希望通过自己的不断创新与发展，让客人享受贵宾楼的"新"服务。

服务接待是一篇"大文章"，不仅需要贵宾楼全力以赴来"写"，更需要服务业的每一个细分行业认真来做。北京贵宾楼饭店认真对待每项接待任务，以鲜明的特色培育市场，以充分的准备迎接商机，以贵宾楼自身的软实力保障好每一次大型接待服务，在服务中彰显贵宾楼的价值，传达"北京服务"的精神面貌，让"北京服务"展示出中国魅力。

精心筹划，热情服务
—— 北京颐和安缦酒店 APEC 会议接待服务侧记

2014 年 APEC 会议在北京的雁栖湖举行，各国参会领导入住于不同的酒店，北京颐和安缦酒店也承担了此次接待任务，在开会前数月就对 APEC 会议领导人配偶集体活动接待任务进行了详细的研究和准备，直到 11 月 11 日精彩呈现，北京颐和安缦酒店的全体员工经历了难忘的 100 多个日日夜夜。

在此次接待工作中，北京颐和安缦酒店（以下简称酒店）除了为贵宾们提供在酒店内的午宴接待服务外，还派出人员为领导人配偶及随员在颐和园参观的全过程中提供餐饮和卫生间服务。另外，受会议筹备工作领导小组礼宾组的委托，从前期筹备阶段开始，酒店还承担了与颐和园、国家博物馆等单位进行对接，以及与清华大学美术学院、钓鱼台国宾馆、北京市外事学校、北京植物园、多家赞助企业及指定供应商签订三方协议的任务，工作量之大、工作内容之繁、工作性质之重是酒店在之前历次接待工作中从未遇到的。因此，为了确保本次接待工作"顺利、安全、圆满"完成，酒店对接待工作的全过程进行了精心策划、周密部署和充分准备。在筹备工作中酒店不仅从设施设备、服务流程、人力配备和人员培训等方面着手准备，还力争激发员工的内在潜能，充分调动全体员工对本次接待服务工作的热情。

一、制订方案，反复演练，确保服务流程准确

按照会议筹备工作领导小组礼宾组的要求，酒店在不同阶段分别制定了接待方案、培训方案、执行方案、三次单项模拟演练方案和三次综合模拟演练方案等，并根据不断变化的情况，对各种方案内容进行了多次修改，以确保活动当天的各项服务"规范标准、衔接顺畅、万无一失"。

除此之外，酒店还就东宫门中方休息室服务流程、外方休息室服务流程、龙船服务流程、德和园餐饮及卫生间服务流程，及中方行走路线服务、外方行走路线服务、工作人员就餐及卫生间安排、主宴会区服务流程等众多服务环节进行反复模拟演练，真正按照国宴的顶级要求在各个方面做好充分准备，为APEC会议的服务做足功课，尽最大努力达到万无一失的完美呈现。

二、顶住压力，克服困难，全力筹备会议服务

本次APEC会议的接待规格之高是承办单位始料未及的，组委会对很多细节的要求甚至超过了多届国际大会及论坛，例如2008年北京奥运会，在这种情况下仅有51间客房和200余个餐位的颐和安缦酒店通过全员参与、合理调配等方法克服了重重困难，不仅出色地完成了领导人配偶用餐的接待任务，还为相关部门工作人员及媒体记者等提供了令人满意的餐饮和接待服务。

会议筹备期间，为确保服务工作的顺利开展，酒店对管理层各级高管、经理等人员进行了"调整履新"。在这种情况下，全体履新人员全心投入到APEC接待任务的筹备工作中，最终圆满地完成了这一艰巨任务。

筹备期间，颐和安缦酒店正常营业，为此，酒店的管理者采取了一定的举措，比如：全部采取白天经营夜间施工；把文化馆从地上转移至地下；对残疾人卫生间进行改造，使之成为"周转卫生间"；提前通知、安抚预订客人及俱乐部会员等，保证在正常营业的情况下，集中力量全面筹备会议服务。

大堂正视图

文化馆午宴
摆台及演练

三、不断变化，调整服务，达到最高服务要求

按照组委会要求，颐和安缦酒店对硬件、环境等进行了大规模的改造，在硬件设施方面，酒店将大堂的二道门由固定的封闭式状态改造成活动的开放式状态，大堂的陈设家具除大屏风外几乎全部被替换，保证了大堂的活动空间。为了在大堂区域增加化妆间，酒店将销售部办公室改造成了临时化妆

间；将原有的南会议室改造成中方休息室；在所有卫生间内增加挂钩，并对公共区域卫生间的马桶进行了全部更换，并增加了加热座圈；还对其他卫生间进行了改造。同时酒店还增加了公共区域的监控设备，并将贵宾房间进行排查式的修复。所有的调整都达到最高的服务要求，为客人提供最舒适、最优质的服务。

在环境改造方面，大堂区域灯光照明、陈列布置等方面进行了大规模改造，确保灯光柔和舒适；聘请北京植物园相关专家对园内的绿植进行了指导和布置，并对一部分绿植进行了更换。同时酒店多次对文化馆进行虫害控制，确保午宴期间无蚊、无蝇、无虫害，并按照清华大学美术学院的设计对文化馆、中餐厅、西餐厅等午宴区域进行照明改造、陈列布置更新等工作，尽可能将园内的环境氛围营造得温馨舒适，让客人产生亲切的感觉。

四、合理安排，引进外援，保证服务顺利进行

为确保服务顺利进行，酒店在 2014 年 9 月就与北京市外事学校联络并确定了 35 名学生作为外援团队，并制订了为期三周的培训计划，其中包括：仪容仪表、行为举止、基本礼仪、酒店服务英语、咖啡的制作方法及服务标准、葡萄酒基础知识、中式茶基础知识、托盘使用技巧、中式宴会服务标准等。

筹备期间钓鱼台国宾馆也配出 10 名服务人员参与正式活动及各次彩排，在酒店活动当天，将所有一线部门员工调配至所需岗位，所有二线办公室员工依照一线部门岗位需求临时派往相应岗位帮忙。

经过三个多月的备战，颐和安缦酒店成功地为领导人配偶及随员在颐和园参观的全过程中提供餐饮和卫生间服务。一流的硬件设施设备，干净舒适的环境氛围，精湛的服务水平，给客人留下了深刻的印象，所以"北京服务"的理念不是一个口号，在越来越多的活动服务中，展现出的是高水平的服务品质，这也与参与到服务活动中的企业有着密切的联系，正是他们的不断努力，才有了今天的"北京服务"。

建首善，创一流，用心诠释"北京服务"
——北京展览馆大型活动服务保障侧记

近年来，北京展览馆（以下简称北展）在一些大型活动中承担了集结点安检、展览服务及服务管理输出等工作，在总结和积累经验的基础上，学习深化"北京服务"理念，接受更多的考验，承担更多的任务，将强化观念与落实行动结合起来以促进"北京服务"，更好地服务北京，面向全国，拥抱世界。

一、尽职尽责保安全，致敬"9·3"阅兵

2015年9月3日，北京天安门广场隆重举行了纪念中国人民抗日战争暨世界反法西斯胜利70周年阅兵活动，北展执行阅兵集结点的安检任务。自8月22日预演开始至活动当天，共安检近300辆车，安检700余人，仅活动前日下午至活动当天早7点，共计18个小时内，集中安检接待了全国人大、中央办公厅、全国政协、国务院侨办等重要单位大客车175辆，安检535人，圆满地完成了集结点的安检工作，获得各级领导的高度认可。

为做好这18个小时的工作，北展自接到任务起即成立以总经理为组长的专项工作领导小组，以及安全保障组、环境保障组、设施保障组，负责对每项工作、每个环节、每个节点进行把控。在总经理的亲自主持下，北展召开

了数次领导小组成员会议，沟通落实工作进展情况，核实每个环节，制定各项工作预案；开展安全排查整改，对发现的34项不安全因素逐一整改；要求维保单位提前介入，迅速启动设备维护保养、消防检测、电检安检工作，其中仅供电一项，就落实到三路应急保障，对一切可能出现问题的环节严防死守。

8月31日前，克服时间紧、任务急的困难，集中人力和物力提前完成安全大检查、保养调试设备设施、电消检及整治美化环境等各项工作。同时由于参加阅兵活动的老同志年龄较大，服务人员特别准备了医药室、测温仪、应急雨伞等，制定了极端天气应急预案，为坡道、卫生间等区域加装防滑地毯。此外，开辟了5、6号馆，为提前进场的公安、武警人员提供休息室，服务人员轮班服务，24小时不间断。

9月1日，正式进入服务期，北展参与安检活动的全体人员进入24小时的工作状态。1日18—24时，50名安保人员上勤封闭集结区域，对前广场区域及展厅控制点实施管理控制，所有营业场所及外租场所全部停业，门窗封闭加贴专用封条，无关员工离开馆区，总经理带队亲自对核心区封闭的所有出入道及封闭区内外围出入道等进行检查，坚决不漏掉一个门窗、一个守护封闭区的岗位，做好政府相关部门场地接管的一切准备工作；2日0时至3日上午，总经理及副总经理坚守一线指挥工作，安保工作人员认真实施相关

车辆安检

人员安检

工作，集结完毕后，加紧打扫卫生，协助各有关部门迅速撤离，直至全部工作结束。

北展全体员工竭力以"服务无间歇、细致无槽点、对接无缝隙"为工作准则，代表北展，代表首旅集团践行有保障、有温度的"北京服务"，为平安北京出一份力，尽一份责。

二、创优安全皆保障，保驾"科技成就展"

2016年5月31日—6月7日，由科技部、发改委、财政部、军委装备发展部四部委主办，中央组织部等14个单位参加举办的国家"十二五"科技创新成就展在北展举行，现场实物展品达800多件，互动项目近百项。中共中央总书记、国家主席、中央军委主席习近平，中共中央政治局常委李克强、张德江、俞正声等亲临展馆参观，展览期间累计接待观众6.75万余人次。这场展会因保密性强、模型实物多、电子科技类展品量大、特装展位复杂、参观观众集中等特点，为北展带来安全保障工作的巨大挑战。

展厅布展

设备检查

展前筹备期间，馆领导班子多次召开专项协调会，总经理亲临一线紧抓工作，各部门、各班组紧密配合，先后修缮场馆外观、展厅设备设施200余处，接待展会主办单位、展商、设计人员、搭建公司等相关人员查看测量场地近50余次，审核图纸达2000余张，特别是针对本次展览保密性的要求，展览项目经理、场馆客服、展览电工与主办方多次磋商，协助设计设备进馆精准路线，做好特殊设备、展品报馆报电、证件备案等工作。同时为确保大展特装展位顺利搭建、电子设备正常运行，各相关部门提前做出工作预案，全面升级电气安全管理机制，加大检测及巡查力度，对搭建设施电气设备进行全区域、超常规、满负荷30个小时的检测，针对检测出的问题召开专题会研究，逐项整改。此外，更新轻便灭火器1021具，增设主动红外对射报警探测器16对，各通道门窗加装双监探测器52只，升级网络传输系统，实现24小时不间断安全监控。

展览期间进一步优化安全保卫工作方案，成立专门应急组，下设现场突发事件应急处置、应急情况抢险、应急工程抢险、应急秩序维护与疏散四个专项小组，不间断巡查展厅，负责处置展会现场突发火险、可疑物或其他治安事件、紧急疏散宾客、配合警方各项工作等。每天，馆场内外百余名执勤安保人员在各个展厅的服务岗、巡视岗、应急疏散岗、制高点控制岗等位置尽职尽责，馆外车辆识别岗逐一认真查验进馆车辆，秩序维护岗引导来宾从指定安检入口进入。

北展再一次凭借完备的筹划准备、全面升级的软硬件、全馆网格化的安保布局，为每日近万名观展群众提供了安全有保障的观展环境，带来极佳的观展体验，赢得各级领导、展会主办方及参观群众的一致称赞。

三、服务管理齐输出，护航"机器人大会"

2016年10月15—26日，2016世界机器人大会（以下简称机器人大会）在北京亦创国际会展中心举办。北展临时受命，为此次世界级盛会提供全流程会展管理及服务，在不到1个月的筹备进驻期里，克服了非主场作战、会展管理输出经验少、清洁垦荒面积大、技术要求高、接驳大小电子设备数量多、特装搭建复杂、同时承办不同地点两大重量级展会、工作人员紧张等一系列难题，依据机器人大会及亦创国际会展中心的特点，北展工作人员梳理修订各项会展管理制度流程，并在全馆范围内抽调骨干力量组建项目团队，在筹备及展览期间全程盯守，有条不紊地推进展馆保洁、展会餐饮、场馆运营和电力接驳等重点工作。

正式接到任务后，北展快速开展工作。2016年9月北京亦创国际会展中心场馆才正式建成，当月中旬项目团队即赶赴亦创会展中心现场考察，随后从北展选出各岗位的近30名骨干员工进入场馆，对各个关键环节和重点工作岗位进行认真检查，逐一登记查找问题，指导场馆方逐项落实。为了在不足半个月的时间内完成对5万多平方米的内部场馆，以及3万余平方米的外部、周边和高空场地的开荒清洁工作，项目团队牺牲国庆长假休息时间，再次全面勘察场地，规划和部署场馆清洁工作。10月4日，首批约150余人的"开荒大军"正式进场，开始对展馆南馆、北馆、会议中心、外围及玻璃外墙实施开荒清洁。与此同时，场馆电工、会展餐饮陆续就位，80余名业务精湛、经验丰富的工作人员在15天内完成与各协作方的对接，以及审图、监督检查搭建等一系列工作。此外，为确保展会餐饮安全、卫生、高质量，北展专门邀请专业HACCP体系认证老师成立餐饮小组，先后对五家有资质的供餐公司进行现场考察，层层筛选和把关，同步调整老莫餐厅食品，做好外出供餐准备。大会开幕式前一天，各项准备工作均已就绪，亦创国际会展中心以最佳状态迎候宾客。

自10月4日全部项目团队正式进场，至10月27日客服中心账务核对完毕与场地正式交接为止，24天里，北展零误差、高效率地输出管理，共计办理施工证1227个、车证584个，签订安全责任书85份，实施安全巡查面积20770平方米。仅在电力保障方面，北展日均投入电工约12人，最高峰每日投入电工达25人，为140个展位接驳电源约230个，共使用电缆约2400米，使用过桥板和胶皮覆盖约260米。展会期间，除保证场馆正常运营外，为缓解餐饮区工作压力，每逢周末接待高峰，馆领导班子和一线员工并肩战斗，保质保量地满足数万客流量的餐饮服务需求。

新场馆开荒

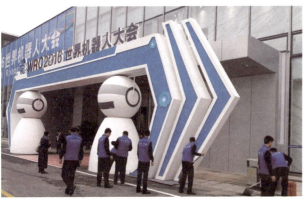

保洁开荒　　　　　　　　　　　　　电力接驳

本次机器人大会共吸引300多位行业顶尖专家和近150家全球知名企业，前后共举办37场专业报告、3场高峰对话及20个分论坛，参观观众达24万余人次，报告论坛累计吸引听众近2万人，获得相关媒体报道达2万余次，主办单位及到场宾客均给予了极高评价。北展人以精细工作、精准对接为标准，以"工作细心、服务热心、待客真心"为宗旨，通过极致的管理服务为"北京服务"管理品牌代言，为北展的转型升级奠定良好的基础。

四、先锋担当有作为，献礼"大型成就展"

2017年9月25日—12月31日，"砥砺奋进的五年"大型成就展（以下简称成就展）在北展进行了长达 3 个多月的展览，在 98 天的正式展出期间，10 个主题展区和 1 个特色体验展区展出了丰富的照片、文字、有代表性的实物和沙盘模型，以及多种"黑科技"互动体验项目，立体化、多角度、全景式的展示吸引了来自社会各界的 266 万人亲临展览现场、2283 万人次徜徉在网上展馆，展品的数量和种类、展示手段、展期时长、参观人数均创下了历年成就展之最，其政治意义、规格档次、社会关注度前所未有。

举国关注、举世瞩目的展览背后凝聚了北展人 157 天日夜无休的奋战。在首旅集团的直接领导和大力支持下，全体北展人将接待成就展作为压倒一切的重大政治任务，绷紧弦、铆足劲、拧成绳，先后协调 32 个商业展览档期，高质量、高水平接待党和国家领导人、2000 余名"十九大"代表、200 余名国外政党代表，以及外国驻华使节、媒体、企业界人士和专家等专场参观，每天接待公众参观人数超过 2.3 万名，获得各大媒体频繁报道，网上点赞献花 1212 万次，得到了各级领导的高度认可和社会各界的一致好评。

自接到任务起，以北展总经理、党委书记牵头的成就展工作领导小组和党委委员担任组长的三个具体工作组全面进入"战时状态"，先后召开工作联席会议 30 余次，沟通衔接各个环节。三个工作组密切配合、攻坚克难、连续作战，接待相关单位查看场地 90 余次，参加成就展协调会 45 次、现场巡视会 20 次，协助修改施工方案 20 余次，签署委托书 130 余份、派发工作单

展览现场

户外布展

70 余份，布撤展期间仅加班盯守就达 170 余小时。并且在接到展览延期的决定后，北展人坚决以大局为重，积极与各商展主办方沟通、面谈上百次，妥善调整 5 个展会档期、协助 12 个展会转场，在服务好成就展的同时，尽力降低经济及商誉损失。

大展在即，建筑整修、设备升级、内外清洁等各项工作倒排入 51 天内，时间紧、任务重、人员少、难度大，馆党委发起"重任在肩，党员先行"先锋示范岗创建活动，由党员带头加班加点、争分夺秒，先后修缮了展馆屋顶、外立面、塔尖五角星等 9 个重点部位，检查馆内硬件设备 1112 处，完成了建筑外观、玻璃窗、馆灯、立柱等高空部位的清洁工作，更新了展览设备、照明设备、电源线路、监控设备、网络设施等，对贵宾室、报告厅等服务场所和物品进行了整修升级，集中更换绿植近 300 棵，按时保质完成了各项展前准备工作。大展期间，北展仅巡检及维修供电、空调等设备设施就多达 3952 次，保持展馆始终处于最佳迎宾状态。

北展始终将提高安全保障水平放在首位，全方位、无死角必保安全，一方面协助展览办等部门制定并执行院区封闭、安检管理、安保布控、人员核录等基础工作，在核心区日均投入安保力量 80 人次，维护馆内外正常秩序；另一方面紧盯消防安全，先后开展了 3 次全馆专项大检查大整治、5 次消防演练、8 次针对消防设施和电器设备的"地毯式"排查、4 次对 75 个沙盘模型的专项检查，6 次电检验收、抽检了 8 大类 22 种施工材料；同时全面监控馆内其他经营业态及驻馆单位，实行院区内各餐饮用火点"一岗双人看守制"及夜间断路三方检查联签制度。在此基础上，自"十九大"开幕起，再次自我加压，对大展布设的 45 个二级配电箱、762 个变压器、95 个变阻器、579 平方米大屏、25 个通电沙盘及涉及现场服务管理的 26 大类关键问题，执行馆领导和总值班带队、消防部门和搭建单位联查的每日 5 次"定时巡查机制"，及时消除电器设备设施安全隐患近百项。同时，"平安北展"信息平台充分发挥即时沟通功能，发布安全信息 2700 余条、发布问题及整改图片 700 余张，全员主动找问题、自觉认领整改，确保问题不过夜、安全运行有保障。

北展的形象就是首旅集团的形象，也代表着国家形象，各面客部门反复研究服务特点和需求，推敲服务细节，制定交通指挥、VIP 接待，以及公众领票、话务咨询、饮食供应等全流程服务方案，组织 435 人次参加的服务专题培训 11 场，并在集团的支持下，抽调专门力量组建 VIP 接待服务团队，圆满完成十余次专场服务，为各部委及相关单位提供贵宾服务 120 余次。秉承"时时用心、事事上心、处处精心"的理念，北展人将服务细节放在首位，增设轮椅、儿童车等便民服务设施，通过"乐享北展"发布公共服务信息 6 条，组织专人发放门票累计 65 万张，接听咨询电话 21000 余个，接待集体参观 7000 余次，供应免费饮水 5000 余桶、纸杯 48 万个，每天对 2.5 万平方米核心区不间断巡查与清洁，处处展现个性化、贴心式的温暖服务。

全体北展人共同努力以最专业的工作体系、最可靠的保障机制、最安全的观展环境、最周到的服务为成就展全程保驾护航，实现了"零差错、零失误、零事故"的工作目标和承诺，使服务保障能力迈上新台阶。

服务彰品质，细节显真情
——北京中国大饭店"一带一路"接待服务侧记

"孟夏之日，万物并秀。"在这个美好的时节，来自100多个国家的嘉宾齐聚北京，共商"一带一路"建设合作大计，意义非凡。北京中国大饭店继成功接待了APEC会议、亚洲基础设施投资银行（以下简称亚投行）首届年会后，再次被指定为2017年"一带一路"国际合作高峰论坛元首级别接待饭店，深感荣幸。为圆满完成这次政治任务，饭店上下同心，为首都旅游事业谱写新篇章而奋发努力，为"北京服务"理念又添新内涵。

一、积极配合，全力准备

北京中国大饭店（以下简称饭店）于2017年4月27日、5月10日分别召开了针对"一带一路"国际合作高峰论坛（以下简称高峰论坛）的全员接待工作部署会，成立了以中方副总经理谢华为总指挥的接待小组，外方总经理谢国林先生也亲自部署，要求饭店各个部门积极配合、充分沟通、在保证信息及时传达的同时，做好保密工作。

在各政府相关部门的指导和协助下，饭店在元首下榻前进行了数十次全方位的检查，对检查中出现的问题及时跟进、整改，对内进行全员培训，对外积极沟通协调，每项工作都做到胸中有数、精益求精，确保万无一失。

此次大会从接待规模到安全保卫都是最高级别。依据驻地警卫组的要求，对酒店所有员工（共计 1100 多人）进行政审资料汇总，其中细化到为贵宾楼层服务的员工制作特别通行证，单独统计汇总员工带照片身份信息 120 余份，并及时上交警卫组，保证警卫组在峰会期间对上楼人员的辨别。

当外交部通知饭店接待的元首为马来西亚总理纳吉布、柬埔寨首相洪森时，销售部积极与使馆和外交部联系并获取了他们在生活饮食上的禁忌和个人喜好，做好相关个性化服务，还根据伊斯兰国家的宗教要求，马来西亚贵宾入住的所有房间都配备朝拜毯、朝拜箭头等。

二、优质服务，安全保障

在北京市旅游发展委员会（以下简称旅游委）驻地联络员郭颖的牵头带领下，接待各方积极建立有效的沟通机制，组建联络组成员及酒店联络人员的微信群，加强联络，及时沟通，反馈食药组和医疗组及嘉宾住店活动等驻会工作情况，每天召开沟通协调会通报信息，帮助酒店协调解决具体问题，保障酒店顺畅地为高峰论坛嘉宾提供高水平的服务。

饭店成立安保组并按照内保、消防、警卫、车场、活动等分派各自任务，细化各自职责，制定相应的预案，配合警方做好各项准备工作。饭店每天还将各方信息及时沟通、汇总，及时与驻地警卫组人员对接，保证信息传达流畅，并积极配合警卫组做好酒店内 5 个固定安检点的设置，以及对贵宾房间、会议场地的临时安检工作。

2017 年 5 月 12 日和 13 日，马来西亚总理及柬埔寨首相相继下榻，针对客人的需要，在确保食品安全的前提下，通过食药组驻会人员的指导及旅游委联络员郭颖的积极协调，饭店及时调整了菜单，尽最大可能为客人准备可口满意的食品，使贵宾有回家的感觉，盛赞食品地道、服务一流。工作人员根据马来西亚总理的特殊要求，在他下榻的套房安置了椭圆机，以满足贵宾在房间健身的要求。

全力配合食品药品监督管理部门进行各项安全检查

由于此次活动的重要性和特殊性，按照政府要求，为确保贵宾们的饮食安全，饮食安排需统一指定供应商，这给饭店厨房的运营提出挑战。例如有些必需品政府指定供应商不能提供，饭店采取应急措施，与各部门进行协调，数次更新菜单，针对马来西亚代表团的饮食特点，对早餐和正餐食谱进行了调整，加进了咖喱牛肉、马来炸鸡、马来炒面、桑巴鱿鱼、椰浆饭等东南亚菜品。对于柬埔寨代表团的食品，饭店厨房准备了北京特色的明炉烤鸭及中餐厅招牌菜黑松露萝卜烧肉、冰宫肴肉、淮扬金牌扣肉、淮扬小笼包等。在客人用餐时，饭店厨师依据每位客人的要求现场烹制。我们的付出最终得到了客人的认可，特别是马来西亚贵宾，他们表示在中国品尝到了最美味的椰浆饭，比马来西亚当地的都要好吃。

"一带一路"是中西文化的融会贯通，饭店把这一理念也用在对客服务中，为欢迎来自马来西亚和柬埔寨的嘉宾，饭店厨师设计出了独具特色的迎宾小吃——精致的巧克力盆景；在鲜花的点缀上，用具有中国传统文化特色的元素——竹子，搭配分别代表马来西亚标志性建筑——双子塔及马来西亚国花——扶桑；还选取了极具柬埔寨特色的金边王宫及柬埔寨国花等，这种中华元素和外国风情结合，新颖别致的设计，突出了此次活动的主题，受到外宾的赞誉。

配合相关部门做好安全保障服务

在元首和部长入住期间，饭店既要为外宾提供白金五星级的服务，同时也要为外交部、公安局、旅游委、食药局、卫生局等驻会保障人员提供服务。从2017年5月8日—17日，饭店的员工餐厅为保障人员提供2227人次的就餐，为了不出现高峰时段拥挤和食品断档的情况，饭店采取了错峰就餐，提高饭菜质量，让保障人员吃好，精力充沛地投入到工作中。

北京中国大饭店拥有北京一流的宴会会议设施，在元首入住期间，饭店的大宴会厅和多功能厅接待了数十场的元首多边会议、签约仪式、新闻发布会及宴请，包括马来西亚石油与中石油的签约仪式，马来西亚旅游部长的招待会，与蒙古国总统的会见，与斯里兰卡总统的签约仪式等，另外还承担了马来西亚总理在金宝街与中方政府的会见活动。所有会议的细节都是在最后时刻才能确认，饭店安排了有经验的员工接待会议，做到及时应对，并且每天都有新的签约仪式及推介会，每半小时就要接待一名贵宾，活动频率之高，前所未有。饭店员工在紧张的工作氛围当中从容应对，做到忙而不乱、忙而有序、忙而有效。这些会见和签约，充分体现了"加强国际合作，共建'一带一路'，实现共赢发展"的主题，饭店用专业的服务和完善的设施诠释了这个主题。

三、细致周到，尽显真诚

整个接待活动过程中，饭店全体员工无不全力以赴，而不经意的细节服务更加彰显了酒店服务的高水准。

2017 年 5 月 13 日是马来西亚马六甲海峡州长 Datuk Utama Idris Bin Haron 的生日，饭店前台两位姑娘为客人送去了蛋糕和手绘贺卡，州长和夫人喜出望外。

2017 年 5 月 13 日，马来西亚农业部部长的秘书来到前台，原来部长开会需要的眼镜坏了，饭店前台紧急联系了最近的眼镜店，并在最短的时间内把眼镜修好，没有耽误部长参加重要会议，部长非常高兴，一再表示感谢。

2017 年 5 月 15 日是马来西亚旅游部部长的生日，饭店准备了特制的香浓巧克力蛋糕，圆形的蛋糕上拼插着用米纸做成的，代表马来西亚著名旅游胜地的彩色画片，一张张代表马来西亚文化的名片吸引了所有人的目光，成为这台宴会一道亮丽的风景，贵宾们欣喜之余对饭店用心的服务交口称赞。

2017 年 5 月 16 日上午 8 点左右，柬埔寨大使临时决定在大堂酒廊会见几位客人，此时大堂酒廊还没有开门，但在咖啡厅帮忙早餐的庞军知道后，立即赶到大堂给客人服务，迅速地将客人点的咖啡和茶送到，最终客人感到非常满意。

世界银行行长喜欢中式早餐，饭店在他入住期间每天准备了不同的中式面点，而且考虑到他是韩国人，饭店还特意准备了韩国泡菜，金行长非常满意我们细心的服务。

此次安保级别为最高，警卫保障人员有 150 多名，24 小时全方位地保障元首的安全，安全工作强度之大可想而知。饭店把他们也奉为贵宾，并提供周到服务。2017 年 5 月 13 号正好是 1144 驻地警卫赵立伟的生日，饭店给这位不能回家的警卫送上了生日蛋糕，让他和同事一起度过了难忘的、最有意义的一天。

会议期间，为方便高峰论坛的贵宾，饭店在各个会议厅门口张贴了对应活动的指示牌。同时，由于贵宾出行经常会遇到交通管制，势必影响到散客的出行，饭店前台特意为散客准备了公交卡以方便出行，细微之处彰显了饭店对此次接待的高度重视。

饭店在北京市旅游委驻地联络员郭颖的牵头带领下成立了由市食药监局 / 市卫生局组成的驻地保障组，以保障贵宾食品安全、就医诊治、信息上报等，保障饭店顺畅地为高峰论坛嘉宾提供高水平服务。

为期两天的高峰论坛圆满落幕，饭店凭借优质的服务和真诚的付出胜利完成接待任务，处处以"北京服务"理念为标准，时时展现"北京服务"风采，没有辜负北京市政府及北京市旅游委领导对饭店的信任和厚爱。面向未来，饭店会保持荣誉，再接再厉努力取得新的更大成绩。

文明服务礼相待，安全周到重承诺
——首汽集团"一带一路"交通服务侧记

北京首汽（集团）股份有限公司（以下简称首汽集团）成立于1951年，由周恩来总理亲自命名。自成立之初，首汽集团就承担着党和政府赋予的重要使命，为国内外重要宾客提供交通出行服务，六十多年来风雨前行未曾懈怠。在不断发展、转型的过程中，首汽集团始终秉持着"真心为宾客"的服务宗旨。尤其是2014年以来，互联网技术飞速发展带来行业变革，首汽集团顺势而上，搭建"三大移动出行"平台，用以满足客户日益变化的出行需求。首汽集团在审时度势、大胆革新的同时，始终不忘初心，将执行重大服务任务的优良传统与丰富的经验不断发扬光大，圆满完成了新形势下的多次京内外，高规格的交通服务任务，并得到各方的高度认可。此次"一带一路"国际合作高峰论坛北京市内交通服务保障任务，首汽集团再接重磅，负责为26个外国代表团提供领导人车队服务及机场抵离等任务。此次交通服务保障任务共调集车辆601部，派出驾驶员和管理人员650人。从2017年5月10日交通组进驻到5月18日全部车辆人员撤离，累计出动6090车次，安全行驶37.5万余公里，接送与会贵宾及工作人员30500余人次。

一、会前周密筹备，打好会议交通服务的坚实基础

在交通服务保障任务前期筹备阶段，根据"一带一路"会议主办方的要求，首汽集团建立高效组织指挥体系，制定周密的组织、配置、运行工作方案，在组织保障、车辆保障、人员保障、技术保障、安全保障和服务保障方面进一步完善工作措施，细化工作流程，强化突发情况的应急处置预案。

一是搭建完备高效的指挥运行体系，首汽集团成立领导小组，成员分工负责，下设工作小组，设立组别有运输服务保障组、安全服务保障组、车辆技术油品保障组、后勤服务保障组和会风会纪监督组，按任务分类成立不同运行团队。

二是针对"一带一路"会议议程及要求，首汽集团构建应急事件指挥体系，制定严密的工作预案，包括证件管理、行车安全、防火安全、流行性疫情防控、人员和车辆应急备份、恶劣天气应对、通信网络设备应急预案等。

三是按"一带一路"组委会的标准完成车辆调集和车辆准备，首汽集团将所有经过自检自查筛选后的上会车辆，分批次进行上线检测与人工路测，车辆必须全部通过相关主管部门的检验，技术状况符合服务任务的技术标准。会中仍需持续进行监控，做好车辆维护、救援保障等工作，确保会议交通服务的顺利进行。

首汽集团圆满完成"抗战胜利 70 周年纪念活动"交通服务保障任务

四是坚持"优中选优"的原则,首汽集团认真筛选"一带一路"上会驾驶员和带队干部,进行背景审查;筛选预备合格上会人员,开展动员和培训教育工作。首汽集团、分子公司、车队层面开展三级动员,并由车队长与上会驾驶员逐一单独谈话。首汽集团制作了统一的安全、服务培训课件,内容包括安全行车、规范服务、车队行驶、防恐防爆、应急预案、事故案例等内容,以安全行车为重点,涵盖活动任务背景知识等,由集团稽查组进行监督,培训必须100%覆盖全体上会驾驶员,各方动员以确保组织活动演练,检验方案和预案的有效性、准备的完善性和服务的适应性。

五是在车辆技术保障方面,建立抢修救援体系,与汽车厂家联合提供技术支持,选派专业修理技师,对每种车型定制维修养护方案,并模拟故障实战操练。在油品保障方面,明确指定加油站,配备型号齐全、储量充足的油品。

蔡奇书记慰问首汽集团"十九大"交通服务驾驶员

首汽集团承接金砖会议交通服务保障任务

二、执行阶段狠抓落实,保障服务高效有序运行

在任务实施阶段,首汽集团启动会时工作机制,建立"指挥—现场指挥—工作组"的内部工作运转模式,实现"一级抓一级、层层抓落实"。严格执行工作方案、工作流程,坚持日报制、车辆一日三检制、请示汇报制、早晚例会制等,保证各项工作落实有效、信息反馈及时,在任务执行过程

中，做到执行与监督相结合。会外执行运力保障任务时，首汽集团安全服务监控中心实时监测出车率，责成所在分公司倒查和提醒。

正是由于各管理层级切实履行工作职责，多重保障机制协调发挥作用，为实现指挥有序、组织有方、管理有效提供了根本保障，使任务得以高质量地完成。

交通服务的重中之重就是安全，能让客人安全到达目的地是交通服务的初衷。首汽集团一是在安全管理上毫不放松、不厌其烦、不厌其细，反复强调会议各阶段的安全工作重点和细节，提前做好驻地、场站的踩点及行车路线、停车地点的勘察确认，熟练掌握行车路线、行车应急预案，对各驻地情况做到心中有数，并与各有关衔接方主动建立联系。根据每次出车任务的不同特点，进行安全提示，在每日出车的班前会上，明确任务路线、落客地点，检查车辆机件性能。每日收车后进行例会总结，布置第二天任务。关注上会人员思想动态，做好沟通，保证队伍和谐稳定。二是保证在会议期间力保交通服务准时、准确、安全，让参会客人享受到来自首汽集团的专业服务，感受到来自首都的热情。三是在任务执行的全过程中强调严明的组织纪律，管理好人证、车证，做到证不离车、证不离身。服务中要求上会人员时刻保持待人热情礼貌、着装整洁规范、举止大方得体的服务标准；每次出车回来及时报班，遇有问题立即上报，单独外出人不离车，保持良好的车辆卫生和个人卫生，车辆每日必须进行过水清洗，时刻保持车身清洁，不食用有异味的食物，不在车内、停车区和无烟区吸烟。

在历次交通服务保障任务中，首汽集团交通运行团队以政治意识、大局意识为先，表现出超强的组织纪律性和专业的服务保障能力，完美呈现了首汽集团最高的服务水平，以实际行动诠释了"北京服务"，展现了中国形象、中国品质，多次获得与会中外宾客及主办方的高度称赞。

首汽集团具备多年执行高规格政治及商务大型活动的交通保障经验。一代代的"首汽人"将宝贵的服务经验总结成执行标准，逐步形成工作制度、模式范本，并且不断丰富、调整、创新，只为每一次重大交通服务保障工作提供更坚实的理论基础、更周到的用车服务，让客人体验到北京深厚的文化底蕴，让北京服务的品质刻画在世界的记忆中。

未来，首汽集团仍将不忘初心，始终贯彻"精心组织、严格要求、安全优质、万无一失"的工作总要求，以超前谋划、周密部署、靠前指挥、应势而为的行动力，确保每项工作"从严、从紧、从实"，各项任务安全、准确、高品质地完成，用"零差错、零投诉、零事故"彰显首汽集团的服务品质。

安全精准筑团魂，恪职尽责育服务
——北汽集团执行重大活动交通保障服务侧记

北京北汽出租汽车集团有限责任公司（以下简称北汽集团）成立于1973年，是北京市经营出租车及旅游客运行业内的国有骨干企业之一，四十余年的发展历程使企业拥有厚重的文化积淀。北汽集团始终秉承"守法、诚信、规范、争创服务一流"的企业经营理念，坚持"宾客至上，信誉第一"的服务宗旨，多次承接各种大型活动。作为北京骨干企业的一分子，北汽集团弘扬传递着"北京服务"的服务理念，不断丰满着"北京服务"的规范标准，逐渐凸显出"北京服务"的文化特色，进一步擦亮了"北京服务"这块金字招牌。

一、服务京内大型活动，打造安全、标准的"北京服务"

（一）全国人民代表大会交通服务

2017年2月28日，北汽集团召开执行第十二届全国人民代表大会第五次会议交通服务保障任务接机接站工作会。会上公司领导强调上会纪律，并提出四点要求：一要讲政治、讲安全，各住地要成立临时党支部传达会议精神，加强反恐意识，确保安全工作围绕始终；二要讲细节、守规矩，各位带队干部要做到计划要看清、车辆要派准、人员要到位、车容车貌要做好;三要讲感情、守纪律,多关心驾驶员;四要做好后勤保障,中油北汽石油产品销售(北京)有限公司、修理分公司要做好支持。工作会的召开标志着会议前期筹备工作全部到位,交通服务保障工作全面启动。

3月2日,时任中央政治局委员、北京市市委书记郭金龙,北京市市长蔡奇,北京市副市长张工、程红、张建东、王小洪等领导一行,来到北京饭

时任中央政治局委员、北京市市委书记郭金龙,北京市市长蔡奇等领导一行认真查看了北汽集团的上会车辆准备情况

店停车场，认真查看了北汽集团的上会车辆准备情况。北汽集团总经理张峻峰认真地向郭书记和蔡市长汇报了车辆的运行情况及各项筹备工作。

3月15日上午，第十二届全国人民代表大会第五次会议在北京胜利闭幕。整个会议期间，北汽集团承担了14个代表住地、27个代表团、4个工作人员住地及人大机关的99个部委和住地工作的交通服务保障工作。带队干部45人，上会驾驶员478人。共计出动大小车辆478辆，其中大客车86辆、旅行车73辆、残疾人车1辆、小客车318辆，累计出车共计16701次，接送与会代表及大会工作人员71957人次，运送行李5850件，安全行驶543954公里，收到各界表扬50次。至此，北汽集团已经连续四十年圆满完成了全国人民代表大会的交通服务任务。

（二）APEC会议交通服务

在2014年的APEC会议交通服务保障任务中，北汽集团承接了4个经济体、6个伙伴国、9个国际组织、各国领导人配偶的集体活动用车，警卫局前站用车，残疾人主题活动用车及中央筹备委员会用车任务；雁栖岛岛内摆渡班车及怀柔3家媒体住地至雁栖湖新闻中心摆渡车的任务；国家会议中心与雁栖湖的专线摆渡车任务。在执行此次交通服务保障任务过程中，北汽集团共计出车564辆，共计出车1.9万车次，服务3.1万余人次，安全行驶里程约35万公里。

（三）"9·3"阅兵交通服务

2015年9月，在抗战胜利70周年阅兵活动中，北汽集团在执行国家领导人天安门转场任务中，挑选政治合格、技术过硬、形象较好、执行过重大交通服务保障任务、无严重交通违法的驾驶员，制定了详细的驾驶员训练标准及任务手册，充分利用执行任务前的较短时间，熟练车型技术状况，规范驾驶动作，提高驾驶技术的服务标准，严格控制车辆运行中的颠簸程度，做到纸杯水不倒、不洒、不偏、不移，并做了全面培训。任务当天，按照指挥部的命令及时调整集结时间，经过两次人、车安检后，克服没有早餐、饮水、没有卫生间的诸多困难，按照预定计划坚守在驾驶室内，严格落实"四严"要求，即严禁无故下车、严禁私自拍照、严禁使用手机，严格按照先期规定动作、语言服务，全体驾驶员动作规范，精神振奋，以最佳的状态将党和国家领导人及各国元首、政要安全送至人民大会堂。

（四）亚投行理事会年会交通服务

首届亚投行理事会年会于 2016 年 6 月 24 日—26 日在北京举行，交通服务保障任务由北汽集团承担。北汽集团负责为亚投行 57 个成员国主管事务的财长或部长、韩国和老挝政要、国际金融机构、非政府组织及国内外媒体等 800 余人提供交通服务保障。此次交通服务中，北汽集团累计出车 1078 车次，接送与会官员及工作人员 3060 人次，安全行驶 39974 公里。

（五）"一带一路"国际合作高峰论坛交通服务

2017 年 5 月 15 日，随着圆桌峰会的胜利闭幕，北汽集团圆满完成了 2017 年"一带一路"国际合作高峰论坛（简称高峰论坛）交通服务保障任务。此次高峰论坛北汽集团共承担了五个方面的七项任务。一是承担了政要团队专车车队任务；二是承担了大会的转场任务；三是承担了领导人配偶参观活动用车；四是承担了雁栖湖领导人圆桌会议的交通服务；五是中筹委工作用车。仅 5 月 15 日当天，出车 435 辆，发车 517 车次，运送代表及工作人员 6961 人次，安全行驶 19368 公里。

（六）美国总统特朗普访华交通任务

2017 年 11 月 8 日—10 日期间，美国总统特朗普访华。从 10 月 28 日开展前期工作开始，共计派出车辆 155 辆，出车 744 车次，安全行驶里程约七万公里。在执行任务期间，上会驾驶员克服困难、恪尽职守、尽职尽责，表现出优良的素质，用出色的服务质量，赢得了美国大使馆的极大肯定和赞扬。

（七）中国共产党与世界政党高层对话会交通服务

2017 年 11 月 30 日—12 月 3 日，中国共产党与世界政党高层对话会在京

在北京饭店迎接代表的车队

举行,本次大会北汽集团共承接26个代表团政要车队及10个大会工作组工作用车等任务。北汽集团根据大会特点成立了运行保障团队,共调派230余名驾驶员和干部执行任务。

本次大会没有住宿条件,带队干部和驾驶员需要每天往返家与住地之间执行任务。执行任务期间,驾驶员每天早晨7点从北京各地赶到代表住地,做好着车预热的准备,给所有外宾和中方工作人员提供温暖的乘车环境和热情周到的服务,得到了中联部和各国代表们的充分认可。

峰会期间,带队干部每天早晨组织驾驶员召开晨会,提高思想觉悟,并要求驾驶员每天做到"两检一擦",消除安全隐患和保持车辆卫生,圆满地完成交通服务保障任务。

(八)国际赛事交通服务

2015年世界田径锦标赛中,北汽集团承担了运动员、国际田联大家庭成员、媒体记者、电视转播商、技术供应商、赞助商及技术官员共七类客户群体的交通服务保障任务。本次交通服务任务共计出车140辆,其中大客车100辆、旅行车20辆、小客车20辆,派出执行赛事交通服务任务的驾驶员

140人，管理和调度人员37人，同时还负责30名语言交通志愿者的工作和生活管理工作。

同年，在"十一"期间北汽集团第五次承接中国网球公开赛赛事交通服务任务。根据赛事组委会的安排，公司共抽调160名驾驶技术过硬的驾驶员执行用车任务，15名有丰富上会经验的带队干部执行调度管理工作。本次交通服务任务共运送运动员和赛事官员3万多人次，安全行驶18.5公里。

2017年的"十一"期间是北汽集团第七次为中网赛事提供交通服务。执行赛事交通服务任务的人员放弃节假日休息，在低温、下雨等恶劣天气条件下，不分昼夜，废寝忘食，以积极的工作热情为赛事提供周到的交通服务。

二、参与京外大型活动，弘扬传递"北京服务"

（一）G20杭州峰会交通服务

2016年8月13日清晨6点，执行G20杭州峰会交通服务保障任务的上会人员从北京出发，全程行驶近1400公里，于8月14日晚安全抵达杭州。9月2日—6日期间，北汽集团上会驾驶员顶着40度的高温和湿热，从一早便开始在驻地待命，一直坚守到深夜。随着9月9日下午所有上会人员、车辆安全抵京，北汽集团圆满地完成了G20杭州峰会的交通服务保障任务。

（二）厦门金砖会晤交通服务

2017年7月24日，北汽集团35名驾驶员和4名管理人员抵达厦门进行金砖会晤交通服务保障任务的会前筹备。9月3日—6日峰会期间，北汽集团执行了政要团队转场任务用车和与会国家使馆用车任务，累计出车323车次，安全行驶7449公里，从筹备到完成任务整体服务时间近50天。

（三）建军90周年阅兵交通服务

2017年7月31日，中央电视台军事节目中心和解放军电视宣传中心的

整齐划一的车队

负责人一行三人来到北汽集团旅游客运分公司,送来"服务国防创佳绩,诚信至上赢赞誉"的锦旗,表示了对北汽集团服务保障工作的认可。

在执行建军 90 周年阅兵交通服务任务期间,驾驶员们同战士们一样吃住在营地,工作在露天。虽然条件艰苦,但驾驶员们自始至终努力做到安全行车、服务规范、准时准点,同时严格遵守部队的保密条例,实实在在地做到了"非礼勿视、非礼勿听、非礼勿言",以高度的政治责任感圆满完成了此次交通服务保障任务。

(四)内蒙古自治区 70 周年大庆交通服务

2017 年 8 月初,内蒙古自治区成立 70 周年庆典活动在内蒙古呼和浩特市举行。北汽集团受国管局的委托,承担了此次活动的交通服务保障任务。

内蒙古的 8 月天气变化多端,经常下雨,驾驶员为了保持车辆清洁,随时备好擦车工具及时擦拭车辆,确保车辆外观和内饰整洁干净。

8 月 10 日下午,全体与会人员安全返京,北汽集团圆满地完成了此次外埠交通服务任务,得到了国管局领导、会务组和中央代表们的充分认可和表扬。

北汽集团车队参加内蒙古自治区成立 70 周年庆典活动交通服务

至此，北汽集团以优质的服务先后多次承接重大活动交通服务保障任务。每一次都以精准到位的服务、尽职尽责的精神向活动宾客传达着"北京服务"的特色服务模式。

"北京服务"提供优质保障
——北京新月公司"一带一路"论坛交通服务保障侧记

2017年5月中旬"一带一路"国际合作高峰论坛（简称高峰论坛）在京召开，世界又一次将目光聚焦北京、聚焦中国。

首都国际机场专机楼外"合作共赢"的绿色花坛生机勃勃，表达着我国与世界其他国家友好合作、共同发展的诚意与美好愿景；雁栖湖畔，30多面旗帜迎风飘扬，张开胸怀迎接着来自四面八方的宾朋。论坛期间，包括29位外国元首和政府首脑在内，来自130多个国家和70多个国际组织的1500多名嘉宾、4000余名媒体记者前来参会。这一次次握手、一场场会晤，见证了中国同世界各国友好往来、合作共赢的坚定决心。

论坛期间从接待、交通、医疗到餐饮所彰显出的高品质"北京服务"深深烙印在每个与会嘉宾的心中，也将中国北京国际一流的和谐宜居之都形象再一次呈现在世人眼前。在会议接待过程中，北京新月联合汽车有限公司（以及简称北京新月公司）圆满完成了高峰论坛的交通运输保障工作，通过切实、完美的工作成果体现出"北京服务"的优秀品质，进一步体现并完善了"北京服务"的理念，展现出中国自古以来的匠心精神及精益求精的品质。

北京新月公司从2017年5月2日启动发改委工作用车，到5月18日完成运输保障任务撤回的 17 天时间内，共发出 462 辆保障车辆、565 名保障人员，累计出车 5219 车次，接送 63064 人次，运送行李 3361 件，安全行驶 149711 公里，履行了高峰论坛交通运输保障"安全、正点、热情、周到"的承诺，经受住了考验，向中筹委、市政府、市交通委、市交委运管处，特别是向与会嘉宾和媒体记者交出了一份完美的答卷。

一、精心组织、有序筹备，将服务落实到位

在高峰论坛的交通保障中，北京新月公司主要承担国际国内嘉宾和媒体记者的摆渡车服务，为志愿者提供通勤班车，为中筹委、国家发改委、北京市政府领导小组及工作人员提供工作用车和驾驶员，为警卫对象提供专车服务等。北京新月公司领导对此高度重视，在受领任务后，便紧锣密鼓地展开了各项筹备工作。

（一）成立组织机构，组建保障团队

公司在春节后，便及时成立了筹备组，由刘长青董事长、刘长江总经理直接领导，研究制定了高峰论坛交通保障工作方案。后又根据方案，成立了由党委书记唐保和任总指挥、执行总经理王学强任副总指挥，公司职能部门、商务旅游公司等相关人员组成的高峰论坛交通保障指挥中心，并设立了总调度室、安全技术政审保障组等相关组织，负责统一组织领导和协调落实高峰论坛交通保障整体工作。北京新月公司交通保障指挥中心根据保障的具体任务，下设了国家会议中心摆渡团队、专车调度组等"三队两组"，明确了 43 个调度点和 102 名调度员，形成了公司行政和党委统一领导下齐抓共管、各司其职的协调保障机制。

（二）明确职责要求，强化教育培训

北京新月公司交通保障指挥中心组织编写了组织机构、人员分工、摆渡团队等相关组织机构框图；制定了总调度室，各保障团队，专车和工作用车

调度员、驾驶员，各保障小组的工作职责；还研究制定了宾客上车后车辆突然不启动、驾驶员身体发生突发状况等 15 项突发事件的处理预案和"七防"工作方案；根据各调度点所担负的任务，绘制了交通保障客户群、各代表团所住酒店至国家会议中心行驶路线、会场距离、运行时间等 34 件工作图表，通过研讨会和"交通保障工作周例会"制度等，对各阶段性工作进行定期研究和部署，不断细化完善保障方案和运行措施，及时协调解决提出的意见和建议。从 4 月 23 日开始，北京新月公司邀请外交部、市交管局及国宾队等领导，对上会的调度员和驾驶员进行了安全驾驶、优质服务和"四防"等基础知识的集中培训，并对酒店驻地现场进行了实地踏勘。4 月 17 日—5 月 8 日，北京新月公司两次组织部分保障车辆和驾驶员，参与了由国家发改委等组织的单项演练和综合演练。

（三）精挑细选车辆，严格选拔人员

根据保障方案，北京新月公司从 4 月 20 日开始，分期分批对拟参与服务保障的小客车和宇通大客车在公司院内和顺义空港方兴机动车检测场等，进行自检自查和上线检测，最后确定 462 辆车辆投入保障服务，其中新车占到了保障车数的 30%。从 2 月 24 日各分公司报送拟上会人员名单后，公司安保、运营和政审保障组等便采取谈话、核查和外调等形式，对服务保障人员相继进行了初审和"深度政审"，在政治立场、家庭背景、工作职责、本人健康状况"四个清楚"的基础上，最终甄选出 114 名管理人员和 451 名驾驶员，直接参与高峰论坛的交通运输保障服务。

（四）深入进行动员，全力展开保障

4 月 27 日下午，北京新月公司组织各集结点调度负责人和商务旅游公司负责人，到北京会议中心参加北京市高峰论坛服务保障工作动员誓师大会后，4 月 28 日上午北京新月公司又召开了誓师动员大会，市公安局公交总队出租支队等相关职能部门负责人出席。动员大会之前，北京新月公司对上与市公安局公交总队出租支队，对下与北京新月公司商务旅游公司和所有上会的调度员、

参加会议的中外嘉宾在景观大道乘坐摆渡车

驾驶员,均签订了《交通安全责任书》。

5月11日16时前,114名管理人员、266名驾驶员全部集中入住完毕,所有保障车辆均到达国家会议中心P2停车场完成排爆检查。保障人员和保障车辆进入实战状态。

二、缜密指挥,密切配合,用心保障确保安全周到

高峰论坛交通保障关乎北京形象、关乎国家形象,北京新月公司有幸执行这一光荣任务,既是挑战也是机遇。

(一)各级领导具体抓

在高峰论坛交通保障正式启动后,刘长青董事长、刘长江总经理及时听取了工作进度情况,提供了相关支持,指导做好保障工作;公司党委书记唐保和、执行总经理王学强在一线坐镇指挥,协调解决相关问题,指挥各项工作运行;交通保障现场指挥、北京新月公司商务旅游公司总经理温延风坚守在指挥中心或一线调度点,直接组织保障工作的具体落实;各调度长及时协调流程,指挥各调度员着力做好现场调度和安全隐患的消除工作。通过以上率下,保证了各项工作有条不紊地进行。

（二）保障团队现场抓

从 5 月 11 日起，公司交通保障指挥中心便全天候进入工作状态，协调、指挥四面八方展开工作。每天晚上 8 时会组织召开由指挥中心成员、各小组长、各调度长参加的工作例会，或到一线调度点，通报当天工作情况，对次日工作进行具体部署，研究解决运行中发现的问题。公司运营部、安保部和监察组等到各调度点，对保障人员的仪容仪表、车容车貌、车辆标识、服务质量和车辆技术状况等进行检查，及时发现和解决存在的问题，保证保障工作的正常运行。

（三）各点调度全力抓

在这次高峰论坛的交通保障中，北京新月公司共在 34 个酒店和国家会议中心景观大道设立了 43 个调度点、102 名调度员，具体负责相关点与相关工作群体的对接与沟通、摆渡车及驾驶员的管理与调度、运行方案的具体实施等。调度员和驾驶员基本上是凌晨 4 点多起床，5 点左右到达各自的工作岗位，一直到晚上 11 时 40 分左右才能回到所住的酒店，其间几乎没有休息时间，每天的午饭和晚饭都是在调度点吃盒饭，每个人都在工作岗位上全力运转。"能为'高峰论坛'提供服务，机会很难得，这点辛苦都能克服！"调度长李永安如是说。

景观大道媒体摆渡车停靠站，承担着分住在五洲大酒店等四个酒店的 4000 多名前来报道高峰论坛的媒体记者的往返摆渡任务，所以从 13 日开始，这个点上的摆渡车来往最为频繁，上下车的人数最多。陈岩、邸志勇两名调度员上岗后，从早上 6 时到 10 时之间、从下午 5 时到 23 时之间，一直是在高速运转。13 日晚上，规定的摆渡车收车时间为 23 时，但当陈岩、邸志勇准备通知停靠的摆渡车收车时，远远看见有三五个客人向摆渡点奔来，便临时决定将收车时间向后延迟。结果在 10 分钟内相继有 64 人来到了摆渡车面前。后又等了 5 分钟，看再无乘客前来，才指挥三辆摆渡车驶向各自要去的酒店。

三、上下齐心,优质服务展现北京风貌

在高峰论坛的服务保障中,全体新月人心往一处想、劲往一处使、上下一盘棋,充分展示了自身的凝聚力与战斗力,体现了新月人敢于担当、乐于吃苦、敢打硬仗、能打胜仗的精神风貌。

(一)大局为重,工作为先

在保障中,不论是北京新月公司领导还是调度员、驾驶员,都坚持以大局为重,把工作摆在第一位,表现出了很高的牺牲奉献精神。5月11日上午,调度员代东明的爱人在医院做手术,代东明在医院签完字后,爱人手术才做到一半,便赶往国家会议中心P2停车场。当分公司经理提出让其先回去照顾时,代东明说这是他第一次参加这样的大型工作,爱人已经请人照顾了,此后便一直坚守在工作岗位上。担负专车保障任务的驾驶员郝建军,在上会前其爱人的三叔便因糖尿病在医院住院,结果因病救治无效于5月15日凌晨去世。郝建军从爱人的微信中得知消息后,便打电话对爱人进行了安慰,此后也是一直坚守岗位直到保障任务圆满结束。

(二)优质服务展现中国"文明"

5月12日15时,一辆摆渡车从国家会议中心返回长富宫酒店摆渡点后,随车志愿者杨丹艺在车上发现了一部苹果手机,在酒店调度负责人刘末的努力下,最终于16时20分将苹果手机送还到了阿尔巴尼亚中方联络官的手中。5月14日下午6时20分左右,京B13297号摆渡车驾驶员于宗华从北京国际会议中心返回王府井希尔顿酒店后,在车上发现一部相机和一个纸质笔记本,便及时找到了调度点负责人张宏杰。半个小时后,两人终于将相机和笔记本交到了失主手中。特别是担负警卫对象专车保障和国家发改委等工作用车服务的驾驶员,在服务对象上下车时,他们都会细心叮嘱,在启动和停靠时尽量稳一些、慢一些,遇有年龄大的乘客,驾驶员会主动进行帮助,对服务对象提出的问题耐心进行解答。驾驶员张伟在为国务院发展研究中心主

任、党组副书记李伟服务时，李伟主任在车上主动问张伟是哪个单位的？张伟说是北京新月公司的，并说这次大会的摆渡车、专车和工作用车都是由北京新月公司提供的，公司已经完成了很多次这样的大型活动的交通运输保障服务任务，自己就曾经参加过"APEC""世锦赛"和全国及北京市"两会"的交通运输保障服务。第二天早上张伟再次去接李伟主任时，李伟主任说北京新月公司保障得不错。当得知张伟是一名出租车驾驶员时，李伟主任又说能经受这么多次大会的考验，出租车驾驶员的素质真的过硬。

在交通保障期间或结束后，中共中央宣传部、国家发改委、商务部、中共中央对外联络部、交通运输部国际合作司和部分国外代表团联络员等，纷纷给公司发来表扬信和感谢信，对提供服务保障的驾驶员给予了高度赞赏。这赞赏不仅是对中国成功举办高峰论坛的肯定，更是对期间交通运输等保障工作人员辛勤付出的最大褒奖！

"众志成城真团队，不辱使命新月人。"100多天的紧张筹备、17天的艰苦运行、4天的集中保障，北京新月公司高标准、严要求的交通服务保障工作正是将"北京服务"的理念、文化、标准及规范进行精准应用的成果，既有环环相扣的细节关注、纵观大局的宏观调控，又展现了人文关怀。这份满分答卷不仅为中国成功举办高峰论坛贡献了一分力量，更是向全世界展现出中国首都的服务水平和质量、展现出首都文明和谐的精神风貌。"北京服务"再次以超一流的成果和姿态彰显了北京特色，体现了国家高度！

创新展示历史名园，服务彰显北京标准
——颐和园 APEC 会议接待服务筹备侧记

根据中央和北京市提出的"中华文化、世界表述、高端定位、创新设计"工作要求，颐和园制定了"皇家标准、历史名园、人游画中、人动画动"的服务目标，明晰实施步骤，细化各个环节，努力做到精心谋划，认真组织，环环衔接，全面实施，扎实、主动推进工作，并取得完美效果。

一、建立 APEC 会议接待工作机制，做到部门联动，扁平化管理，使各项筹备工作高效落实、快速推进

APEC 会议领导人配偶游园活动接待规格高、落实标准严、牵涉部门多、完成时限紧，要体现中国大国外交的软实力。颐和园将 APEC 会议接待工作分为前期筹备、演练运行及最终执行三个工作阶段；对外建立与市外事办公室（简称市外办）、各委办局衔接的每周检查例会制度，设置专职负责人对接制度，确保各项筹备演练工作与中央、市里要求步调一致；对内形成党委领导、行政负责、工会共青团积极参与、纪委全程监督的 APEC 会议接待工作机制；每周一次的高频例会、不定期的专项协调会、当日信息上报制度、每周四次的检查督办制度，各项行之有效又相辅相成的落实制度使得所有情况在一线了解掌控，所有问题在一线就能得以协商解决；其间，汇总各级领导

建议 24 期，落实建议 246 条，每周的综合检查、协调会商，超过 50 次单项演练，有力助推颐和园 APEC 会议接待的筹备工作不断提升、日臻完善。

二、创造"颐和园速度"使景区服务设施水平在短时间内得到提升，彰显"北京服务"力量

2014 年 7 月 17 日至 10 月 20 日，颐和园共完成 8 个大项、40 余个项目的升级改造，涉及硬件设施改造、园林景观升级、商业网点整顿等各方面，在保证施工质量和环保要求，以及不影响游客正常游览的前提下，加快建设速度。东宫门贵宾接待场所和沿线四处卫生间改造设计方案几经修改，建设部和基建队做到 24 小时不间断施工，在规定时间完成全部改造装潢；游船队克服工程对暑期运营造成的影响，完成游船等水上设施整体改造工作；管理部、保卫部、基建队坚持夜间值守，确保德和园舞台搭建、电瓶车坡道铺设等施工作业现场安全。在市外办临时通知增加 APEC 会议领导人配偶进殿参观的内容时，文物部、殿堂队、文昌院队加紧完善仁寿殿、颐乐殿和乐寿堂改陈布展和地面临时铺装工作。期间，全园修整道路地砖近万块，加固湖岸栏板千余米，油饰古建房屋和墙面千余平方米，翻新制作各种牌示百余块，油饰栏杆千余米，更换垃圾箱近百个。三个月完成服务接待设施改造和景观提升工作，在全园各单位的团结协作、通力配合下，颐和园工作人员刷新着一个又一个"颐和园速度"，使一线景区游览服务设施水平得到整体提升。

三、敢于担当、连续作战，众志成城、攻坚克难，实现多项新突破

颐和园在筹备 APEC 会议接待服务工作过程中，遇到了场地局限、建设期短、技术攻坚等种种问题，运行演练阶段更是变数大、调整多、协调复杂，全园干部职工发扬敢于拼搏、勇于奉献的精神，克服了众多困难，突破

了很多技术瓶颈。在游船游湖环节，湖上游船线路经过三次大的调整、数十次精心修正，游船队与导游服务中心配合演练达30余次，切实做到了"人游画中、人动画动"。在园林景观布置方面，园林部、园艺队、延庆花研所通过前期精心维护和花期调控手段，积极做好APEC会议参观沿线景观提升工作，将东宫门"凤舞九天庆华诞"主题花坛升级为"有凤来颐"主题花坛，在沿线布置桂花和特色花缸近百盆，补植冷季草坪6000余平方米，修剪树木百余株。在电瓶车运行保障工作中，管理部配合天坛公园八名驾驶员利用清晨和傍晚时间进行电瓶车驾驶演练，克服了多项技术难题，确保了任务当天电瓶车接待环节的平稳顺利。

四、注重细节、凸显文化，彰显颐和园接待水准

2014年11月11日，APEC会议领导人配偶走进东宫门，首先来到仁寿殿，这里是当年慈禧太后和光绪皇帝临朝理政的地方，这个景点的解说词让导游人员颇费了一番脑筋。修建仁寿殿时，为了表达"五福捧寿"，殿门上有不少蝙蝠图案，谐音"福"。但是在西方人看来，蝙蝠却是不吉利的象征。为了避免误解，讲解员索性把"福"略去，突出"寿"字的文化内涵。

随后来到知春亭，APEC会议领导人配偶要在此处合影留念。知春亭前面是波光粼粼的昆明湖，著名的万寿山、佛香阁、十七孔桥尽收眼底。习近平主席夫人彭丽媛在这里热情地给外国客人介绍中国园林著名的"借景"手法：昆明湖西侧的玉泉山，不属于颐和园，但巧妙地与园内美景融为一体，像一幅水墨画，令人赞叹。

接下来步入玉澜堂、乐寿堂，即清代皇帝、皇后居住的地方。接着进入德和园，清代皇帝曾在这里听戏看演出。如今，每天整点时段，德和园大戏楼都会为游客准备中国传统京剧和宫廷舞蹈表演。

2014年11月14日，作为世界文化遗产的颐和园，在接待参加APEC会议领导人配偶期间，进行了非物质文化遗产的展示——景泰蓝制作。中国工

艺美术大师、技艺展示者钟连盛在短短 15 分钟里，向领导人配偶介绍了有"燕京绝技"之称的景泰蓝制作技艺，并且邀请来宾体验制作，完成景泰蓝制作最"出彩"的工序——点蓝。

2014 年 11 月 6 日钟连盛接到通知，要在 11 日为来华出席 2014 年 APEC 会议的部分经济体领导人或领导人配偶展示景泰蓝制作技艺。钟连盛说："以往做展示时为了携带方便，基本会选择体积比较小的物件。但参观的来宾一多，就不太容易看清楚。最后我们还是选择了三个 12 寸的'大件'——一个正掐丝的福寿瓶，两个正要点蓝的百花登喜瓶。"

钟连盛挑选的三件展品可以展示景泰蓝制作最重要的两个工序——掐丝和点蓝。同时他还特意挑选了百花图案并解说："对于外宾来讲，太过传统的花纹和图案可能不太好理解，百花图不但形态美丽，而且对于女士们来说也很适合，釉色有粉色、紫色、黄色、绿色，颜色鲜艳又富有现代感。"

除了携带做技艺展示的"半成品"，钟连盛还特意带上了有着"景泰蓝设计第一人"之称的钱美华大师的代表作"和平颂"宝鉴。钟连盛告诉记者，和平颂上的五只和平鸽代表世界五大洲人民向往和平，橄榄枝花环象征世界人民团结友谊，圆盘边沿纹饰表示长城。图案非常契合主题。他希望在为"夫人团"服务的过程中，传递我们国家爱好和平的美好心愿。

APEC 会议领导人配偶游园活动接待的规格、标准、要求之高，前所未有。细节决定成败，在服务过程中，只有关注细节，把小事做细、做透，真正体现精细化管理的思想和理念，工作环环相扣、节节相连，才能把精益求精、精雕细刻的工作标准和服务质量提升到新的高度。一是将导游讲解工作做到细之又细、精益求精，编写出不同时长讲解词六套，领导亲自指点讲解方向和讲解技巧，讲解稿修改及实地演练各进行了 40 余次，促使讲解工作做到生动灵活、简繁得当，达到"中华文化、世界表述"的要求；二是营造舒适的游览环境，殿堂队、基建队在进殿参观环节注意调控殿内温度，园务队在清晨 4：00 前完成全园的保洁清扫工作。在电瓶车环节，颐和园特意为领导人配偶准备并赠送了根据颐和园文物典故开发设计的特色披肩。领导人配偶身披披肩集体合影留念，将我国博大精深的文化与"北京服务"相结合，使服务得到了升华，文化得到了弘扬。

五、公园综合管理服务能力再次经受住巨大考验

针对此次任务部分区域封闭，颐和园在保证 APEC 会议领导人配偶集体活动服务接待的同时，满足市民游客的休闲游览需求。颐和园根据以往重大节日和活动工作经验，发动全园力量，实施细致的网格化管理，将全园划分为 12 个区域，成立分指挥部。在三次 APEC 会议接待全要素综合演练和任务当天，殿堂队、苏州街队、西区管理队、文昌院队积极配合市公安局警卫局、公安等部门做好门区客流疏导和解释工作；园务队、旅游服务队、护园队、综合管理督察队、耕织图队，大力疏导人流，加大巡视检查和秩序维护力度；基建队、后勤队、社区管理队切实做好水电气暖、通信、用餐、公务用车等后勤保障工作。在任务当天，全园各重要节点景区的游览秩序井然、人流平稳，实现了"安全无事故、服务无投诉"的双无目标。颐和园的综合管理服务能力再次经受住巨大考验。

此次 APEC 会议接待服务保障工作的成功，在于颐和园上下齐心、牢固树立"一盘棋"思想。全园组建机构、集中智慧、群策群力、团结互助、敢于担责、勇于担当，从环境、服务、安全等各方面展示、检验了颐和园的团队形象和整体作战能力。此次 APEC 会议外事接待规模大、规格高，没有现成经验借鉴，颐和园克服困难并承担了无比巨大的责任与压力，非常规接待路线、大风行船、进殿参观，打破了以往的服务接待工作常规。除北京市牵头开展的三次综合演练以外，颐和园对接待中的重要环节进行了不计其数的演练，以小见大，集零为整；细致地查找任务接待中的疏漏环节和问题，保证了面临任务变数时的自信。

所有努力和服务无一不彰显了"北京服务"的强大力量，更加充分地展示了颐和园有能力筹办重大国际、国事活动的能力和实力，展现了全园各单

位的工作能力和服务管理水平。通过服务保障 APEC 会议接待，颐和园锻炼了一支敢打硬仗、能打胜仗的服务队伍；历练提升了服务意识和服务技能，加速培养了一批服务型人才；全面提高了硬件服务水平，优化了游园接待环境；有效扩大了颐和园的社会影响力和知名度。颐和园人的敬业精神、专业素质和业务能力，代表了北京形象，也成为"北京服务"又一张闪耀、夺目的名片。

精心组织，责任到人，统一指挥，确保安全
——八达岭长城大型服务活动侧记

八达岭长城是中国万里长城的杰出代表。它地势险要，历史悠久，文化丰富，建筑雄伟，景色壮观，名声远大，是万里长城中保持最完整、开放最早、最受人关注的长城景区。八达岭长城1961年被国务院列为首批全国重点文物保护单位；1982年被国务院批准为国家重点风景名胜区；1987年被列入世界文化遗产名录；2007年被评为全国首批5A级旅游风景区，同年，被评为世界新七大奇迹之首。迄今，八达岭长城已累计接待中外游人近2亿人次，并先后接待了尼克松、里根、曼德拉、伊丽莎白二世、撒切尔夫人、小布什、普京、奥巴马、哈珀等500多位世界各国元首、政府首脑和世界风云人物。

作为国家形象之一的八达岭长城风景区完成了国家赋予的一个又一个重大活动任务，不断扩大"北京服务"的应用范围，其彰显的敬业精神、专业素养和业务能力，代表了北京的形象，也成为"北京服务"最夺目、最耀眼、最有影响力的名片。

八达岭长城风景区每年承接各类大型活动20～30场次。作为活动的场地提供方，为确保活动顺利进行，在每场活动举办前景区都会成立"服务保障工作领导小组"，并制定相应的工作方案和应急预案。工作领导小组负责统一领导、部署、组织、指挥活动筹备期间的全面工作，并对工作过程中遇到的重点问题做出决策及决定。在活动举办期间，设立服务保障现场指挥部，各工作小组主管领导为成员，应急办、保卫科、综合治理办公室负责人在现场指挥部值守，负责组织实施、综合协调工作，解决活动期间遇到的各类问题，妥善处置各类突发事件。景区各职能部门，全体干部职工按照"精心组织、责任到人，统一指挥、确保安全"的指导思想，在领导小组的统一指挥下，按照《工作方案》的部署及各自在活动中应担负的职责，设立专项工作组，分别是接待协调工作组、应急保障工作组、安全检查工作组、安保交通工作组、服务保障工作组、环境保洁工作组、效能监察工作组。有200～300名工作人员、安保人员参与到每场次大型活动的服务保障中，从文物保护、消防安全、应急处置、会场安保、环境保洁、道路交通、后勤保障、效能监察等方面，积极推进活动执行，确保圆满完成各项服务保障工作。在党组领导的高度重视和正确领导下，八达岭长城风景区每年都顺利完成各类大型活动的接待20～30场次，同时以活动为亮点，通过中央电视台、北京电视台、路透社、新华日报、中国日报、央广之声、搜狐网、网易网、旅游世界等电视媒体、平面媒体、新媒体平台在国内、国际进行全球性宣传报道。

一、新年登高助申奥，全民健身筑梦想

中国体育彩票全国新年登高健身活动连续23年在北京延庆八达岭长城主会场举行。此活动由国家体育总局、中华全国体育总会主办，国家体育总局登山运动管理中心、国家体育总局体育彩票管理中心、北京市体育局、北京市体育总会、延庆区（2015年11月前为延庆县）人民政府共同承办。来自全国各地的登山爱好者、高校代表及奥运冠军邓亚萍等和群众以攀登八达岭长城的形式表达对新一年美好生活的追求与向往，传递着"新年登高、助申冬奥；全民健身、共筑梦想"的活动主题。作为新年的第一项大型全民健身活动，它已经成为本市乃至全国一项重要的全民健身品牌活动。中央电视

中国体育彩票全国新年登高健身活动

台（直播）、中国旅游报、北京日报、新浪网等 20 余家新闻媒体参与报道，2016 年首次采用网络直播的方式，通过搜狐视频的播出，及时播放全国各地新年登高活动的盛况，并与广大健身爱好者互动交流。

二、长城点灯固地位，中爱友谊添新色

庆祝爱尔兰圣帕特里克节（每年 3 月 17 日）长城点灯仪式连续三年在八达岭长城举行。此活动由爱尔兰使馆主办，爱尔兰旅游局承办。2015 年 3 月 17 日凌晨零点，爱尔兰国庆"圣帕特里克节"来临一刻，环绕八达岭长城的百盏 LED 灯齐放，无数绿色光束射向夜空，使八达岭长城变身成了"绿色长城"，蔚为壮观。这不仅成为了圣帕特里克节庆祝活动的一大亮点，也进一步宣传了长城作为世界性建筑的文化历史地位，还为巩固深化中爱两国人民的友谊增添了浓重的一笔。本次活动通过路透社、央广之声、搜狐网、网易网、乐视网、新华日报、中国青年报、京华时报、北京人民广播电台、旅游世界等媒体进行全球性宣传。

庆祝爱尔兰圣帕特里克节长城点灯仪式活动

三、"联合国蓝"亮长城,中国地标耀世界

2015年10月24日,庆祝联合国成立70周年纪念日点亮长城仪式活动在八达岭长城举行。此活动由中国外交部主办,北京市人民政府外事办公室承办,延庆县人民政府协办。当天,全世界超过45个国家的150多座标志性纪念碑、博物馆、桥梁和其他的地标性建筑由联合国的官方颜色——蓝色点亮,作为全球纪念联合国日和联合国成立70周年活动的一部分。全球的庆祝活动在新西兰启动,从那里开始,随着全世界的标志性建筑参与这一国际庆祝活动,联合国蓝的波澜席卷各个国家和各大洲。此次活动通过中央电视台、北京电视台、北京日报、新京报、京华时报、中国青年报、北京青年报、光明网、新华网等媒体中进行了宣传报道。

庆祝联合国成立 70 周年纪念日点亮长城仪式活动

四、申冬奥成功一周年，长城脚下征会徽

2016 年 7 月 31 日，纪念北京申冬奥成功一周年活动在八达岭长城望京石广场隆重举行。活动面向全球公开征集 2022 年冬奥会会徽和冬残奥会会徽设计方案。同时，北京 2022 年冬奥会和冬残奥会组织委员会官方网站也正式上线。市委书记、北京冬奥组委主席郭金龙和少年儿童代表向绿色邮筒投入第一封邀请函，象征着北京冬奥组委从长城向世界发出邀请，面向全球征集北京 2022 年冬奥会会徽和冬残奥会会徽设计方案，会徽征集截止时间为 2016 年 11 月 30 日。市委副书记、市长、北京冬奥组委执行主席王安顺和北京冬奥组委副主席、中国残联理事长鲁勇，国家体育总局局长助理李颖川及运动员代表共同拉下启动杆，长城脚下山体上 LED 网膜显现 "www.beijing2022.cn" 字样，标志着北京 2022 年冬奥会和冬残奥会组织委员会官方网站正式发布。对于此次活动，中央电视台、北京电视台、新华网、人民网、凤凰网、腾讯网、千龙网、新浪网、人民日报、北京日报、北京晚报、北京青年报、北京晨报、京华时报、新京报、北京人民广播电台等 40 余家主流媒体参与报道。

纪念北京申冬奥成功一周年活动

五、世博会会徽首面世，"长城之花"寄美好

2016年9月19日晚，"在长城脚下绽放"——2019年中国北京世界园艺博览会会徽、吉祥物发布会在八达岭长城望京石广场举行。活动中2019年中国北京世界园艺博览会会徽"长城之花"和吉祥物"小萌芽""小萌花"正式面向海内外发布。"长城之花"，设计风格端庄大气，渐变层叠的三色六瓣和平花围绕酷似长城的花蕊翩翩起舞，生动呈现"长城脚下世园会"的特色。吉祥物"小萌芽"和"小萌花"，是一对代表着生命与希望、勤劳与美好，活泼可爱的园艺小兄妹。吉祥物的设计灵感来自东方文化百子图的吉祥娃娃。活动由中国北京世界园艺博览会组委会主办，中国北京世界园艺博览会执委会承办。活动通过新华社、人民日报、中央电视台、中央人民广播电台、中国网、经济日报、农民日报、中国日报、中国新闻社、北京日报、北京电视台、北京人民广播电台、北京晚报、北京青年报、北京晨报、京华时报、新京报、法制晚报、京郊日报、中国绿色时报、中国花卉园艺杂志、中国花卉报、中国贸易报等媒体进行宣传报道。

长期以来八达岭长城风景区以优质的服务理念、完备的基础设施、敬业的服务态度和专业的服务精神，出色完成承办的各项活动，突出"北京服务"的精品特色，打造"北京服务"的卓越品牌。未来的八达岭长城风景区将继续提升服务意识、管理能力、IT（Information Technology，信息科技和产业）技术的应用和创新精神，同时继续保持和发扬富有北京特色、北京意识、首都理念的招牌式"北京服务"，成为当之无愧的"北京服务"标签。

"在长城脚下绽放"——2019年中国北京世界园艺博览会会徽、吉祥物发布会

严谨细致,服务"一带一路";
好客友善,展示中国风采
——天坛公园"一带一路"接待服务侧记

"一带一路"国际合作高峰论坛是 2017 年我国最重要的主场外交活动,是深化国际合作搭建的重要平台。服务保障论坛顺利举行,是全面深入贯彻落实习近平总书记视察北京重要讲话精神、深入落实首都城市战略定位的必然要求。此次活动是天坛公园继 2009 年庆祝中华人民共和国成立六十周年和 2014 年 APEC 峰会领导人配偶颐和园活动电瓶车服务保障工作后,第三次参加高端活动电瓶车服务保障任务。整个接待服务活动中,天坛公园工作人员上下一心,高度重视,其精准周到、好客友善的服务无不展示着北京服务人员的卓越风姿和"北京服务"的骄人风采。

一、服务大局,圆满完成电瓶车服务保障

天坛公园作为此次高峰论坛电瓶车服务供应者,高度重视本次服务活动。保障好高峰论坛,是党中央和北京市委、市政府交给天坛公园的一项光荣的政治任务。为此,天坛公园全体工作人员增强大局观念,提高政治站位,扎实细致做好电瓶车服务保障任务。

在明确对此次活动高度重视的态度后，天坛公园全体工作人员为活动进行了精心准备。按照中心要求，召开动员会，抽调电瓶车骨干成员及车辆服务此次保障任务，成立领导小组，以最坚决的态度、最周密的筹划和最高的标准，严谨细致制定车辆服务保障方案和应急预案，全力以赴落实高峰论坛领导人配偶活动电瓶车服务保障工作。在时间紧、任务重的情况下，工作人员克服各种困难，完善电瓶车外观设计方案，根据需求修改车座套样式，使车辆焕然一新，车容整洁大方。从电瓶车的整体维护保养、安全性能检测到任务路线的熟练掌握、位置精准停放、安全平稳运行，不间断地进行技能培训和模拟演练，全面达到任务接待标准要求，为优质圆满完成任务奠定了基础。此次电瓶车服务接待线路是由宝蕴楼出发，途经隆宗门，最后抵达顺贞门，全程道路狭窄，尤其是在金水桥、景运门路段，车辆上坡时车底盘离地面距离不足 5 厘米，路况十分复杂、驾驶难度极高。经历了六次大型综合演练的磨合，驾驶员们熟练掌握了电瓶车安全驾驶规定、服务规范、服务礼仪、外事纪律和日常服务英语，并在实地演练中，准确定位驾驶路线、停放位置、行驶速度、行驶距离，精雕细琢、反复锤炼各个环节，确保服务保障安全平稳、整齐划一，每名驾驶员驾驶电瓶车按照最高标准、按时精准完成活动转场保障任务。

天坛公园根据此次服务接待任务制定了详细的培训计划，服务人员将安全驾驶及操作规程作为培训的基础，将应对突发情况的应急应变能力作为培训的重点，强化外事纪律和"一带一路"相关知识的学习。服务人员在礼仪服务和英语应用能力上下功夫，并观看礼仪培训教学片，从仪容仪表等方面进行深入学习，在培训中注重细节，将笑容、站姿、手势等内容作为学习重点，进行统一规范，注重细节、注重实效。通过集中学习、小组讨论、实地演练、观看视频等方式，服务人员的业务技能得到提升。

2017 年 5 月 15 日，"一带一路"高峰论坛服务接待活动如期在故宫举行。按照预定方案，天坛公园电瓶车队早上 4：00 由公园北门出发，于 4：30 抵达故宫进行安检，同时再次检查车辆，完成接待前的各项准备工作，8：00

准时将 9 辆服务用车停放至指定地点待命，10：30，习近平主席夫人彭丽媛偕外宾抵达宝蕴楼前乘坐电瓶车，驾驶员们严格按照接待方案的既定线路行驶，以沉着、冷静的心态和娴熟、精湛的技术，确保车队顺利通过沿途的各个难点路段，为贵宾们提供了安全、舒适的驾乘服务，圆满完成了此次电瓶车服务接待任务。

二、好客友善，做好外事服务接待

接待过程中，天坛公园工作人员始终保持高标准、严要求，严谨细致地做好外事服务接待。2017 年 5 月 13 日，乌兹别克斯坦总统夫人米尔济约耶娃一行 9 人游览天坛。领导高度重视，积极配合外交部、乌兹别克斯坦副总理做好两次踩点工作；乌方提出参观祈年殿大殿内，与外交部积极沟通协调，达成乌方愿望。乌兹别克斯坦总统夫人对天坛公园工作人员的周到服务接待表示感谢，特意赠送"一带一路"特色纪念品。天坛公园各部门通力合作，圆满完成 5 月 14 日土耳其总统埃尔多安女儿一行 7 人、5 月 15 日意大利经济发展部副部长斯卡尔法洛托一行 8 人的参观服务接待任务。

在专职接待人员尽心负责的同时，天坛公园积极发挥志愿者作用，打造温馨服务。此次服务接待共有北京邮电大学 40 名大学生作为志愿者参加。前期公园团委、游客服务中心对志愿者进行天坛文化、服务礼仪、外事接待方面的培训，提高志愿者服务接待水平。2017 年 5 月 14 日、15 日，40 名大学生志愿者分别在殿堂、门区、神乐署和游客中心协助做好服务、咨询和导游讲解工作。其中，9 名志愿者参加了"一带一路"高峰论坛期间天坛公园三级外事活动三次，为来园外宾提供讲解咨询服务，温馨周到的服务受到外宾欢迎。

三、芳华添色，营造良好氛围

祈年殿西下坡组摆模纹式"一带一路"主题花坛，以红、黄、蓝、白为主基调,用矮牵牛(红、白)及三色堇(黄、蓝)16100余株花材组摆而成。花坛使用黄、蓝两条花带代表"一带一路"中的陆路和海路,用9个花球贯穿在花带之间,象征着丝路沿线重要的九大节点,造型简洁、色彩靓丽。不同的花色表示各个国家虽然种族不同、文化多样,但能够互利共赢、共同繁荣。全园沿园路摆放花钵58个,用花量11300余株,营造了良好氛围,表达了对"一带一路"美好远景的热情期盼。

2017年5月15日,天坛公园第三十六届月季花展正式开幕,恰逢"一带一路"国际合作高峰论坛举行之日。此次花展主题"赏花乐来"取自"有朋自远方来,不亦乐乎"。天坛公园以北京市花月季为媒传播友谊,成为"一带一路"典范,为北京添彩。本次花展突出特色是精品盆栽树状月季花环绕祈年殿基座摆放,单株开花均在100朵以上,花期一致,花朵覆盖整个树冠,花大色艳,十分抢眼,而且100多盆古桩月季盆景、树状月季等在此一并展出。同时,月季园一万余株月季花争相怒放,姿态万千,芳馨馥郁,为游客提供了最佳的月季花专类观赏环境。此外,公园还结合月季展开展市民互动及月季科普系列活动。

四、大力宣传,展现天坛公园风采

天坛公园运用各种传播媒介,巧用新媒体,大力宣传"一带一路"高峰论坛期间活动,展示天坛公园风采。

通过劳动午报、北京青年报、新华社等公共媒体,宣传公园"一带一路"景观环境布置,展示文化特色,丰富服务内涵,提升公园形象;利用微博、微信自媒体加强宣传,发布有关主题花坛、花展布置、园容保洁等原创微博8条,微信2条;强化新闻意识,"公园管理微信群"及时发布舆情动态2次,转发中心预警提示3次,提高全园新闻意识,强化新闻纪律,积极做好新闻应对;积极配合宣传处做好"一带一路"新闻发布会,向北京电视台、北京日报等6家主流媒体宣传中心"一带一路"景观布置。天坛公园"一带一路"

主题花坛和"赏花乐来"月季展受到广泛关注。北京晚报，法制晚报，北京青年报，北京电视台（都市晚高峰、北京您早、首都经济报道）对公园活动进行重点宣传。公园还开展了"一带一路""微笑好职工，文明好游客"文明游园服务咨询活动；以"首都学雷锋志愿服务站"导游班为载体，与北京邮电大学志愿者共同向游客发放"文明游园我最美""天坛多种语种导览图"等宣传折页2000余份，为游客提供义务咨询500余人次、义务讲解200余人次，制止园内吸烟、践踏草坪等不文明行为20余次，展现了天坛公园好客友善的东道主风采。

在市公园管理中心的正确领导下，在广大干部职工的共同努力下，天坛公园团队众志成城、团结协作，圆满完成服务接待任务，展现了"北京服务"优秀的形象风采。未来，天坛公园的工作人员将牢固树立责任感使命感，进一步巩固"一带一路"服务培训成果，践行和弘扬"北京服务"精品理念，总结经验，更好地传承优秀历史文化，展示天坛公园良好形象。

默默践行"北京服务",悄言坚守品牌精神
——中青博联承办国际盛会侧记

在 2017 年,举世瞩目的"一带一路"国际合作高峰论坛、《联合国防治荒漠化公约》第十三次缔约方大会、国际刑警组织第 86 届全体大会,相继在中国圆满召开。每一场国际盛会的光鲜背后,都有着中青博联整合营销顾问股份有限公司(以下简称中青博联)服务团队的默默付出。周全缜密的会议安排、细致入微的专业服务,不仅向世界展示了中国政府一流的接待水平和中青博联突出的业务能力,也向大众默默地输出着"北京服务"这一品牌理念。

服务业作为一个在中国发展时间较短,却快速崛起的产业,需要我们投注更多精力深化、完善其品质。北京作为中国的首都,当展示以"有朋自远方来不亦乐乎"的待客之礼,彰显其悠久深厚的文化底蕴。"北京服务"的理念便是在此时代背景的召唤下应运而生的。

"北京服务"是各类型专业服务管理的精华集成。中青博联在国际会议的举办过程中,运用科学的管理办法,不仅着力于宏观的会议规划、板块构架,而且把控每个环节的细节,规避风险,以工匠精神充分发挥专业团队的优势和协同整合能力,保障大会圆满举办,更让每位参会者宾至如归,深切感受到热情洋溢、细致周全的"北京服务"。

一、促协同，力整合，"一带一路"扬理念

2017年5月14日上午，"一带一路"国际合作高峰论坛在北京国家会议中心正式开幕。建设"丝绸之路经济带"和"21世纪海上丝绸之路"，是习近平主席2013年访问哈萨克斯坦和印度尼西亚时分别提出的合作倡议。本次高峰论坛，也是中国首倡举办的层级最高、规模最大的主场外交活动，共有包括29位外国元首和政府首脑在内的来自130多个国家和70多个国际组织的约1500名代表出席，中外媒体记者多达4000余位。

中青博联在会议开幕前80天就进入高级别会议项目组，协助大会开展，落实论坛的筹备、协调、执行等各项工作；从各项具体工作方案的编写到与筹委会多个相关部门的精准对接，以及各类保障资源的统筹和现场执行，都付出了极大的努力。

习近平主席曾明确提出北京是全国的政治中心、文化中心、国际交往中心、科技创新中心，需将其建设为国际一流的和谐宜居之都。"北京服务"，

"一带一路"国际合作高峰论坛服务团队合影

"一带一路"国际合作高峰论坛开幕式

即为打造北京"四个中心"战略地位的重要途径之一。为了此次会议的万无一失、尽善尽美，在临近大会开幕的10天里，项目组工作人员不眠不休地坚守在现场。项目组负责嘉宾邀请注册的年轻工作人员徐凌霄，在会议筹备期间，爷爷病危，为了确保大会筹备流程不脱节，她坚持在工作岗位，每天只能以视频通话的形式与爷爷沟通。在大会开幕的前一天，徐凌霄的爷爷去世。在如此重要的时间节点，徐凌霄无法抽身，惊闻噩耗后，她大哭一场，而后擦干眼泪继续回归岗位。

"一带一路"国际合作高峰论坛的服务汇聚了每一位项目组工作人员的心血，向世界展示了一支具有一流服务水平的团队。这不仅充分发挥了中青博联的服务水平，更是提升了城市形象，弘扬了"北京服务"的品牌理念。2017年5月15日，在美丽的雁栖湖国际会议中心举行的圆桌峰会上，中国国家主席习近平宣布，中国将于2019年举办第二届"一带一路"国际合作高峰论坛。我们也期待，能再次为世界呈现一场完满的盛会。

二、秉承标准，细致周到显风范

除了为在北京举办的大型活动提供服务保障，对在京外举办的大型活动，中青博联也承担了输出、宣传"北京服务"理念的责任。

《联合国防治荒漠化公约》第十三次缔约方大会于 2017 年 9 月 6 日至 16 日在鄂尔多斯圆满召开，来自全球约 196 个缔约国代表团，约 1400 名正式代表，包含 70 余位部长级嘉宾，出席了盛会。会议期间，举办大会开幕式、高级别会议开幕式、大会招待宴会、高级别会议招待晚宴各一次，会间考察活动四个批次，纪念林植树活动一次，召开边会 200 多场次，高级别圆桌会议多次。

为顺利保障本届会议的圆满召开，大会成立了以联合国防治荒漠化公约秘书处、中国国家林业局、外交部等单位牵头的组委会，内蒙古自治区区委、区政府牵头的执委会，鄂尔多斯市委、市政府牵头的筹委会，并由国务院副总理汪洋担任组委会主任，内蒙古自治区政府主席布小林担任执委会主任，落地实施工作由鄂尔多斯筹委会具体负责，并定期汇报工作成果和筹备进度至执委会和组委会。

中青博联自 2017 年 6 月中旬陆续进驻鄂尔多斯，参与板块涵盖酒店管理、餐饮管理、智慧会议（App 和大会预订平台）、交通保障、抵离迎送、联络员志愿者管理、注册签到、东道国活动、会场规划、改造与搭建，以及场内会议流程和技术设备的管理。

大会筹备期间，中青博联协助承办城市完成了与国际组织的对接与合作，会议举办水平符合联合国要求。这展现的不仅是中青博联的专业与敬业，更是代表了"北京服务"品牌的高标准。我们坚持着"君子和而不同"的理念，以会议大使的身份，真切希望来自五湖四海的客人感受到来自中国的"北京服务"的独特魅力。

此次大会的参会嘉宾来自 196 个不同国家，在社会主义核心价值观的总体目标要求下，中青博联以"北京服务"作为媒介，向所有嘉宾传递出大国

《联合国防治荒漠化公约》第十三次缔约方大会开幕式

《联合国防治荒漠化公约》第十三次缔约方大会晚宴

风范及"和谐""尊重""包容"的人文理念。在前期筹备中,中青博联考虑到不同国家之间存在的文化差异,提前向嘉宾搜集是否有饮食、住宿或其他方面的禁忌,并做足准备。由于参会嘉宾国别较多,为了让沟通更加顺畅,项目组更是细致培训了从北京各大高校召集的百名小语种志愿者,以"北京服务"的标准让参会嘉宾获得最好的服务。

中青博联始终秉持着"北京服务"的理念与标准，也正是因为这种不懈的坚持，才更好地促使并保障了每一次重要活动的圆满成功。"北京服务"代表着北京的形象，更代表着中国的形象。中青博联作为传递"北京服务"的使者，不仅仅局限于北京地区的、单个会议的管理服务，更肩负着向外界传递"富强、民主、文明、和谐"社会主义核心价值观的重任。中青博联以全国各地举办的国际会议为平台，将"北京服务"传播到全国；身兼荣耀使命，真正将"北京服务"做成可跨地域、全国性的服务品牌，为国家大型外交活动提供服务支撑，向世界展示我国改革开放和现代化建设的重大成就。

三、精诚团结，"让世界更安全"

2017年9月26日，国际刑警组织第86届全体大会在北京国家会议中心隆重开幕，中国国家主席习近平出席了本届大会开幕式并发表了题为《坚持合作创新法治共赢　携手开展全球安全治理》的主旨演讲，强调中国愿同各国政府及其执法机构、各国际组织一道，高举合作、创新、法治、共赢的旗帜，共同构建普遍安全的人类命运共同体。

本届大会主题为"让世界更安全"，来自158个国家和地区的执法人士、国际刑警组织负责人、相关国际机构代表相聚北京，共商国际执法安全合作大计，对推动全球安全治理、维护世界安全稳定具有十分重要的意义。习近平主席表示，中国高度赞扬国际刑警组织为维护世界安全稳定做出的努力，将继续支持国际刑警组织在全球安全治理中发挥更大作用。

为了贯彻"北京服务"的品牌精神，确保大会各环节顺利进行，中青博联作为本届大会的服务商，早在2017年6月就与公安部的工作人员积极沟通，依据国际惯例并结合我国外事礼宾原则，制定了大会接待方案。在不失原则的基础上，彰显了北京人民、中国人民热情好客的大国风范。此次，中青博联为大会接待服务了1000余名参会嘉宾，参与板块涉及会议、餐饮、酒店、志愿者、注册、交通、会场搭建等方面。

由于大会的会议级别高、风格严谨，各环节衔接必须畅通无阻、不容有失，这就对中青博联项目组提出了更高的要求。在做好个人所负责的板块工作之余，中青博联特别注重板块工作之间的衔接配合、各工作组间的上传下达，并严格遵守高级会议的各项纪律。中青博联在此次大会上取得的成绩，不仅仅是来自每个人的努力，更是基于这支优秀团队精诚团结、任劳任怨的精神。在此次大会的服务上，中青博联力求以"北京服务"为标准，提供最优质的服务，并集中展现整个团体的敬业精神和专业素养。

作为身处落实"北京服务"的前线工作人员，中青博联致力于做好每一项服务管理工作，并着重积累总结高规格、高级别会议组织的宝贵经验，而且将其总结提炼，运用至今后的会议服务中，甚至运用至其他社会领域，为"北京服务"的精益求精做出贡献。

作为一支来自北京的团队，中青博联将发挥首善之区的标杆作用，创立

第86届国际刑警大会交通保障服务

第86届国际刑警大会开幕式

完善的服务体系,不断锤炼,不断丰富。中青博联肩负着为"北京服务"添砖加瓦的使命,不遗余力,力争让"北京服务"走向全国,走向世界!

大国小窗

第三部分

标准制定

大型活动接待服务规范
第1部分：通则

1 范围

本部分规定了大型活动接待服务工作总体要求及基本规则。

本部分适用于指导和规范大型活动接待服务工作的组织与实施。

2 规范性引用文件

下列文件对于本文件的应用是必不可少的。凡是注日期的引用文件，仅所注日期的版本适用于本文件。凡是不注日期的引用文件，其最新版本（包括所有的修改单）适用于本文件。

GB/T 30520-2014 会议分类和术语

GB/T 33170.1-2016 大型活动安全要求

GB/T 31598-2015 大型活动可持续性管理体系要求及使用指南

3 术语和定义

下列术语和定义适用于本文件。

3.1 大型活动 large-scale events

法人或其他社会组织面向社会公众举办的非日常性的文艺演出、体育比赛、展览展销，以及政府组织举办的有特定需求或主题的重要群体性活动。

3.2 会议 meeting

人们怀着各自相同或不同的目的，围绕同一个主题，进行信息交流或聚会、商讨的活动。

3.3 展览 exhibition

一种既有市场性也有展示性的经济交换形式，通过宣传或广告的形式邀请特定人群和社会群体来参观交流。

3.4 赛事 events

各种比赛的统称，主要是指有组织的，遵守相同规则，以竞技的形式进行较量的相关形式。

3.5 节庆活动 festival activities

在固定或不固定的日期内，以特定主题活动方式，约定俗成、世代相传的一种社会活动。

3.6 组织委员会 organizing committee

项目的领导机构，由主办单位等相关部门共同构成，主要负责各项筹办任务的组织协调工作。

3.7 执行委员会 executive committee

项目的执行机构，由主席、副主席、执行主席、执行副主席和执委组成。

3.8 筹备组 preparatory group

在项目正式开始前由相关从事准备工作的单位或个人构成的组织。

3.9 主题 theme

大型活动目标的转化，是对大型活动主要内容和实质问题的高度概括，大型活动的潜在参与者通过它可以了解大型活动的主要内容。

3.10 策划 plan

依据大型活动主题，对大型活动做出的总体设计，包括但不限于以下内容：活动名称、活动目标、活动预算、整体活动框架、危机管理及活动宣传。

3.11 实施方案 impiementation plan

实现大型活动目标的执行文案,是活动运行与实施的重要文本呈现,也是活动具体实施的依据。包括但不限于以下内容:活动名称、时间、地点、规模、活动目标、活动预算、整体活动框架及人员分配、活动流程及接待方案、危机管理方案以及活动宣传方案。

3.12 保障措施 safeguards

为大型活动的顺利举办所提供的支持和支撑,针对活动过程中可能遇到的问题做出解决的预案,即针对问题,提出问题解决的办法。

3.13 风险评估 risk assessment

大型活动管理机构对活动期间可能出现的各种不确定性风险及其可能造成的影响及影响程度进行估计与量化的过程,主要内容是评估风险发生的概率和因风险发生造成的影响程度;目的是以此为依据制订风险监控预案,实现大型活动最大安全保障。

3.14 节点管理 node management

采用设置节点方式,将大型活动筹备工作的任务分割细化,明确分工、职责与目标;通过对节点的控制,形成流程化、标准化、规范化管理,以确保计划执行的效率与质量,兼顾全局性与前瞻性。

3.15 运行 running

企业为了实现大型活动的总目标,对活动的流程进行有效计划、组织、实施和控制,优化供应链体系,将输入的资源以最低成本的方式转化为输出的产品或服务的各项活动,这些活动将物流、人流、信息流有机连接在一起,并实现物流、人流、信息流的运转畅通。

3.16 评价 evaluation

对大型活动实施效果、执行程度等进行判断、分析的过程及其结论。

3.17 总结 summary

大型活动组织工作阶段性或者全部完成后进行回顾检查、分析评价,从而肯定成绩、得到经验、找出差距和规律性认识的过程及其结果。

3.18 内部审核 internal audit

由组织自己或以组织的名义,对自身的管理体系或项目,就管理体系是否持续的满足规定的要求并有效运行而进行的审核。

3.19 外部评审 external audit

由第三方机构,对与其不存在利益关系的单位或项目,就某一个具体项目实施效果、执行程度而进行的独立审核。

3.20 可持续性评价 sustainability assessment

针对大型活动项目对社会、经济、生态环境、管理体制、政策以及运营等因素的可持续性而作出的评估。

3.21 预算管理 budget management

对大型活动各部门、各单位的各种财务及非财务资源进行分配、考核、控制,以便有效地组织和协调活动开展,完成既定目标的财务管理。

3.22 项目审计 project audit

审计机构依据国家的法令和财务制度、项目方案和相关要求,对项目的活动用科学的方法和程序进行审核检查,判断其是否合法、合理和有效的一种活动。

4 组织管理

4.1 基本要求

4.1.1 核心理念

体现北京服务"文明、和谐、安全、创新"的核心理念。

4.1.2 首都形象

体现中华民族的文明礼仪和热情好客,展示首都的国际化服务水平和城市文化魅力。

4.2 选用标准

4.2.1 具备相应资质,能够独立或联合完成大型活动委托服务内容,能够独立或联合承担民事责任。

4.2.2 具备独立运营大型活动工作团队，包括但不限于策划团队、执行团队、施工团队、服务团队、保障团队、财务管理团队、宣传团队、公共关系团队等。

4.2.3 专业工种人员应具备相应资格认证、等级证明，专业工种人员数量和资质等级证明需满足大型活动需求。

4.2.4 了解大型国际活动操作流程和服务规范，有参与大型国际活动接待工作的经验或成功案例。

4.3 选用流程

4.3.1 发布和收集信息

根据大型活动需求，有项目服务板块责任单位发布"北京服务"服务信息（公告或邀请书）及标书文件。

4.3.2 标书制定

按照大型活动服务内容要求编制、递交应答标书文件。

4.3.3 投标评审与候选合作组织

由大型活动项目组成立的评审组对投标单位应答文件进行评审，并初步确定中选候单位。

注：中选候选单位数量少于递交应答文件数量，具体数量视项目情况而定。

4.3.4 谈判、协调与沟通

大型活动项目负责单位保留与中选候选单位进一步谈判的权利。

4.3.5 确定服务单位，发出结果通知

大型活动项目负责单位确定最终中选服务单位，并向所有递交应答文件的单位发出结果通知。

4.3.6 签订合同协议

大型活动项目实施前，承办单位与中选单位应签订服务合同。

5 策划

5.1 基本要求

体现北京服务"文明、和谐、安全、创新"的核心理念，具体要求如下：

——文明：体现中华文明，展示首都风范、古都风韵、时代风貌；

——和谐：践行"社会主义核心价值观"，体现新时代北京和谐之美；

——安全：周到服务、全力保障、认真细致、安全第一；

——创新：服务理念创新、服务结构创新、服务技术创新。

针对某一大型活动策划具有"北京服务"特性的服务体系时，要充分考虑 4.1.1 和 4.1.2 所提到的要求，达到：

——确保在活动中应用"北京服务"理念达到预期效果；

——预防或减小不良影响；

——实现持续改进。

在活动中应用"北京服务"，要确保遵守并强化与大型活动相关的法律法规和管理制度。

5.2 主题

5.2.1 使用环境

围绕大型活动主题，根据活动性质、规模、档次、民族宗教、举办地环境等因素设计主题，注意适当突出北京特色。

5.2.2 主题标识和评价

在活动中应明确"北京服务"标识，强化"北京服务"品牌形象和知识产权，并评价应用标识后对活动起到的重要性。

5.3 创意创新

以服务大型活动主题为中心，围绕中心嵌入"北京服务"理念，根据大型活动的不同属性和接待人群，适度调整创新服务内容，以增加文化感受、科学简化流程、突出北京特色为原则，避免因过度创新而导致的流程繁琐或概念模糊等情况。

5.4 实施方案

实施方案应以大型活动整体方案为基础,提供以下具体服务的接待方案:

——抵离迎送:针对人员、物资的交通接待、运输服务制定方案;

——住宿接待:针对规模、规格制定方案;

——餐饮服务:针对餐饮主题、规模、饮食禁忌制定方案;

——会间交通:根据会议日程、住宿、会场、用餐、会外活动等因素制定方案;

——旅游服务:针对旅游需求制定方案;

——会务服务:主要针对会议进行中服务嘉宾(会议材料、会议用水等)制定方案;

——服务培训:针对所有参与服务的机构、人员进行提前培训制定方案;

——督导监管:针对所有方案进行督导监管制定方案;

——其他个性化:根据特别需求制定的临时方案。

5.5 保障措施

5.5.1 范围

针对大型活动接待服务要求提供保障。

5.5.2 内容

保障措施应包括以下内容:

——住宿保障:满足不同人群住宿规模、规格要求;

——餐饮保障:满足餐饮主题、规模、饮食禁忌要求;

——交通保障:满足人员、物资的交通接待、运输服务要求;

——旅游保障:满足活动期间旅游服务的要求;

——物料采购保障:满足会议物料、定制礼品的设计、制作、包装、发放的要求。

5.5.3 演练

演练工作要求如下:

——针对大型活动总体要求制定不同阶段和服务项目的演练方案;

——演练应有明确的目的和考核要求，演练结束后应及时总结并提出针对性的改进意见。

5.6 预算管理

5.6.1 基本原则

利用预算对大型活动中所涉及的各部门、各单位的各种财务及非财务资源进行分配、考核、控制，以便有效地组织和协调大型活动，完成既定目标。

5.6.2 要求

预算管理具体要求如下：

——厉行节约，严格开支；

——参照惯例，规范管理；

——单独核算，专款专用；

——收入支出，分开管理；

——完善流程，审核监管。

5.6.3 管理监督

管理监督具体要求如下：

——针对大型活动所涉及的财务预算，应严格执行预算开支项目、标准及金额，不得擅自挪用、节流、侵占。建立追踪问效机制，对违反规定使用资金的费用不予支付报销，并保留追究责任的权利。

——在大型活动结束50个工作日内，编制经费决算报告，并与预算方案进行对表。

——对于虚假预算、节流挤占、挪用经费等行为，按照《财政违法行为处罚处分条例》和其他有关规定，追究违规单位和人员责任。

5.7 风险评估

5.7.1 关键点

风险评估的关键点包括如下内容：

——确定评估对象主体；

——评估对象直接和间接价值；

——分析项目面临哪些潜在的威胁和导致威胁的问题所在；

——量化威胁发生的可能性程度；

——分析项目中存在的弱点和可能被威胁所利用的部分；

——采取的安全措施；

——风险发生时对项目造成的负面影响和损失；

——采取安全措施对降低损失的程度。

大型活动接待服务评估清单参见附录 A。

5.7.2　评估工作

已具备风险评估资质的机构为风险评估工作主体，原则上为与项目无关的第三方实体机构或临时组建的评估工作小组。评估工作流程为：

——接受评估工作委托；

——跟踪项目运作流程，采集评估数据、证据；

——形成评估报告（初稿）；

——评审及修改；

——形成评估报告。

5.7.3　评估报告

评估报告应符合如下要求：

——由第三方评估机构出具评估报告；

——评估报告包括但不限于安全评估、品牌价值评估、项目完成度评估、后续影响评估等；

——所有风险评估均需以量化形式形成书面报告；

——评估报告须出具给项目主管单位、主办单位、责任单位、执行单位。

6　运行

6.1　基本要求

运行管理的基本要求包括：

——活动目标明确，任务清晰，有具体执行标准和量化指标；

——组织健全，团队分工明确，职责清晰，各司其职，各负其责；

——信息沟通渠道畅通，软硬件条件完备，信息传递和确认流程明确；

——供应商已具备合同约定的执行标准，并确保在运行期间按标准提供有效服务；

——所有参与运行人员均已知晓工作岗位、职责和工作标准，并接受与本活动执行相关的专项培训。

6.2 流程管理

6.2.1 流程管理的价值：

流程管理的价值体现在以下方面：

——降低操作风险，减少潜在损失；

——优化流程设计，提高工作效率；

——及时发现流程中的控制弱点；

——确保项目策划得以有效落实；

——确保建立和完善职责分离的机制。

6.2.2 流程管理的基本原则

流程管理应遵循以下基本原则：

——结果导向原则；

——闭环管理、不断优化、持续改进原则；

——以人为本、责任共担原则。

6.2.3 流程管理的关键点

流程管理的关键点包括：

——流程设计；

——过程监控；

——持续改进。

6.3 节点管理

6.3.1 节点的分类

节点主要包括以下三类：

——工作节点,将各业务流程中关键环节层层分解,在不同部门和人员之间适度授权和分权,制定合理的考核指标,有效提升价值链总体效率;

——成本节点,分析各项业务中产生费用的环节,制定结合业务实际需求评估成本对业务结果的贡献,构建成本节点数据库,编制成本节点预算,制定成本节点控制措施,并对成本节点进行考评,不断降低企业运行成本;

——风险节点,识别内外部风险因素,判断业务链上存在风险的节点,从风险发生概率和对目标影响程度两个维度对风险进行评估和排序,制定风险应对计划,有效监控和防范风险。

6.3.2 节点管理的实施

节点管理应遵循以下步骤:

——节点识别:将大型活动全过程按照工作性质进行分类,组成不同的工作组,分别梳理各方面的重要业务流程,每一个业务流程找到一个或多个关键节点。

——节点分析:按照不同节点的特点进行分析。

注:工作节点重点分析各项工作流程中影响效率的因素,确定该节点是否是工作节点。成本节点重点分析该环节可能产生的各项费用,进而分析其对所在业务流程的影响程度,确定该节点是否是成本节点。风险节点重点分析该环节的风险属性,依据风险受控程度(可控、一般可控、不可控)、市场变化程度、客户情况(客户大小、资信调查、新老程度等方面)、商品本身(价格变化大小、变质的难易程度)等判断每个节点的风险大小,确定该节点是否是风险节点。

——节点确认:明确各工作组和人员的岗位责任书、工作标准及考核办法,形成"职责清晰、部门协作、节点明确"的全流程运行机制,逐级建立起立体网状系统的节点管理体系,确保各项工作顺利开展。

6.4 监督管理

监督管理应遵循以下要求:

——监督管理的主要任务：确保所有文本规定的工作目标、业务流程、节点得到有效执行；

——监督管理的组织原则：监督管理部门应独立于任何一个具体业务工作组，直接对活动最高指挥机构或总协调人负责，并有权获知与被监督任务相关的标准体系；

——监督管理的处理原则：一旦发现项目运行偏离任务标准，或未能按照规定流程和节点开展时，应立即向上一级机构或负责人报告实际情况，但无权要求执行者终止、暂停或改变项目运行。

6.5 应急管理

应急管理应遵循以下要求：

——应针对大型活动接待服务关键环节制定突发事件应急预案。

——应有明确的突发事件应急启动机制。

——应有专门的部门和团队实施应急预案。

7 评价

7.1 基本内容

评价的基本任务包括：

——项目目标：评定项目立项时各项预期目标的实现程度，并对项目原定决策目标的正确性、合理性和实践性进行分析评价；

——项目效益：包括财务评价和经济评价；

——项目影响：包括经济影响评价、环境影响评价、社会影响评价；

——项目持续性：在项目的资金投入全部完成之后，项目的既定目标是否还能继续，项目是否可以持续地发展下去，项目业主是否可能依靠自己的力量独立继续去实现既定目标，项目是否具有可重复性；

——项目管理水平：以项目目标和效益后评价为基础，结合其他相关资料，对项目整个生命周期中各阶段管理工作进行评价。

——大型活动接待服务评价清单参见附录 A。

7.2 评价步骤和方式

7.2.1 评价步骤

具体评价步骤如下：

——提出问题；

——筹划准备；

——深入调查，收集资料；

——分析研究；

——编制评价报告。

7.2.2 评价方法

具体评价要求如下：

——统计预测法；

——对比分析法；

——逻辑框架法；

——定量和定性相结合的效益分析法。

7.3 评价结果

评价报告应符合以下要求：

——评价报告是评价结果的汇总，是反馈经验教训的重要文件；

——评价报告必须反映真实情况，报告的文字要准确、简练，尽可能不用过分生疏的专业词汇；报告内容的结论、建议要和问题分析相对应，并把评价结果与未来规划以及政策的制订、修改相联系；

——评价报告主要包括：摘要、项目概况、评价内容、主要变化和问题、原因分析、经验教训、结论和建议、基础数据和评价方法说明等。

8 改进

8.1 改正

在发生不符合时，应做到：

——采取措施，针对要求进行控制和纠正；

——针对其后果进行处理；

——根据评价，为不符合标准的部分进行改正，以确保不再发生。

8.2 优化

组织应对在大型活动中应用"北京服务"的适宜性、充分性、有效性、进行不断改进优化。

附录 A
(资料性附录)

大型活动接待服务评估、评价清单

大型活动接待服务评估清单见表 A.1，大型活动接待服务评价清单表 A.2

表 A.1　大型活动接待服务评估清单

序号	项目	评估内容	评估结果
1	主题	是否体现体现北京服务"文明、和谐、安全、创新"的核心理念。	
2	标识使用	是否在活动中明确"北京服务"标识并评价应用标识后对活动起到的重要性。	
3	创意创新	是否以服务大型活动主题为中心，围绕中心嵌入"北京服务"理念，根据大型活动的不同属性和接待人群，适度调整创新服务内容，以增加文化感受、科学简化流程、突出北京特色为原则，避免因过度创新而导致的流程繁琐或概念模糊等情况。	
4	实施方案	是否完成、可行。	
5	保障措施	是否能够满足实施方案所提出的各服务板块。	
6	预算管理	是否厉行节约、严格开支、合理预算、规范管理、专款专用、审核监管。	
7	风险评估	是否针对大型活动中存在的问题和潜在威胁进行风险评估。	

表 A.2 大型活动接待服务评价清单

序号	项目	评估内容	评估结果
1	匹配度	与大型活动主题、背景、活动板块、品牌价值等在内的相关服务要求进行匹配度评估。	
2	完成度	根据组织、策划、运行、预算管理等项目，依照完成情况进行评估。重点考核抵离迎送、住宿接待、餐饮服务、咨询服务、旅游服务、定制礼品、会务服务、服务培训、督导监管、其他个性化范围评价评估。	
3	品牌应用	在活动中，"北京服务"本身的品牌标示得以应用。	
4	风险	分析活动中所遇风险和潜在风险对项目运行以及可持续发展的影响。	
5	纪律	杜绝腐败行为，依法合规开展服务。	
6	优化	提供进一步改进优化的方案。	
7	整理	将活动中"北京服务"方案、资料进行汇总存档。	